직업진로
생존법

직업진로 생존법

초 판 1쇄 2021년 05월 15일

지은이 정병태 김경회
펴낸이 박제언

펴낸곳 한덤북스
유 통 로뎀커뮤니케이션
신고번호 제2021-000008호
홈페이지 www.jbt100.kr
주소 서울시 영등포구 문래로 164 SK리더스뷰 2-3803호
전화 010) 5347-3390
팩스 02) 862-2102

메일 jbt6921@hanmail.net

© 정병태, 김경회 2020, *Printed in Korea*.

ISBN 979-11-85156-32-3 03320

값 15,000원

코로나 19 이후 억대 연봉

직업진로 생존법

정병태 박사 / 김경회 박사 지음

한덤북스

Z세대(Generation Z) :

Z세대(1996~2010)는 태어났을 때부터 디지털 환경에서 성장한 '디지털 네이티브'이다. Z세대의 특징으로는 개인주의, 다양성 추구, 일과 삶의 균형 등을 중시하고, 집단보다 개인, 소유보다 공유, 상품보다 경험, SNS를 통한 소통을 더 선호한다. Z세대의 스마트폰 보유율은 98%이다. 하루 4분의 1에 해당하는 6시간을 스마트폰을 보는 데 쓴다.

알파세대(Generation Alpha) :

알파세대는 2011년 이후 태어난 세대를 말한다. 영 · 유아 시절부터 인공지능과 모바일 등을 경험하며 자란 세대이다. 한마디로 '디지털 네이티브(Digital Natives)'로 불린다. 코로나로 인한 온라인 학습과 디지털 기기를 친숙하게 다루는 세대이다.

코로니얼 세대(coronial generation) :

디지털 환경에 능숙한 밀레니얼 세대(M)와 다양성을 추구하는 Z세대와 공감하는 '소통러'가 능력이 되었다. 한마디로 미래 트렌드를 읽고 고객의 마음을 듣는 소통러 세대이다.

코로나-19(COVID-19) :

중국 우한에서 발생한 신종 코로나바이러스 감염증(Corona Virus Disease)의 명칭을 COVID-19로 정함. 감염된 사람이 숨을 내쉬거나 말할 때, 재채기, 기침할 때 생성되는 호흡기 비말을 통해 다른 사람에게 감염된다.

요즘 젊은 것들의 직업진로

MZQ세대

코로나19 이후, 경제의 주역 Z세대들에게 디지털은 놀이도구다. 디지털과 모바일, 핀테크를 놀이하듯 잘 다룬다. 그들은 언택트(untact)와 자동화된 환경에 익숙해 스스로 문제를 해결한다. 다양한 디지털화된 루트를 통해 정보에 접속하고 새로운 기술을 활용하는 데 탁월하다. 이 Z세대들의 손에 딱 걸려들면 창의적으로 변신시키는 데 능하다. 그리고 더 나은 직업과 일자리 준비를 위한 자기 혁신에도 탁월하다. 그러니 기성세대는 너무 걱정하지 않아도 된다. 그래서 우리는 요즘 젊은 것들을 믿는다. 계속하여 일방적으로 믿고 응원할 것이다. 우리의 마지막 희망이기 때문이다.

1980~2000년대 인터넷과 디지털 환경 속에서 출생한 밀레니얼(M) 세대와 1990년대 중반~2010년대에 출생한 Z세대, 이른바 'MZ세대'라고 말한다. 이들의 특징은 개인의 행복과 개성을 중시하며 가성비와 가심비를 높이는 소비를 하며 소소하면서도 확실한 행복(소확행)을 추구하는 세대들이다.

이 세대를 중심으로 유행시켰던 일명 '얼죽아(얼어 죽어도 아이스)' 트렌드가 아이스크림 등 계절상품 유통까지 바꾸어 놓았다. 그런데 '코로니얼 세대(2020-2021)'에 '쿼런틴(Quaranteen)'라는 신조어가 등장했다. 10여 년 후 이 아이들은 '격리'를 뜻하는 'quarantine'의 발음에 맞춰 'teen'을 붙인 'Quaranteen'으로 불린다. 그래서 우리는 코로나 이후 사회를 이끌 주력들을 일컬어 'MZQ세대'라고 지칭한다.

앞으로 10년 후 코로니얼 세대들이 가세하여, 요즘 젊은 것들이 우리 사회와 시장의 트렌드를 이끌 세대들이다. 그러므로 시장에서 자리를 잡고 싶다면 MZQ세대들의 특징을 파악하여 마케팅 전략을 세워야 한다.

그래서 새로운 세상을 이끌 요즘 젊은 것들에 끝까지 무한한 자기 혁신을 돕고 끝없는 새로움에 도전하도록 격려해 주고자 한다.

세계 역사는 혁명의 연속이다. 그래서 '역성혁명(易性革命)'이라는 말이 있는데, 왕조를 뒤집는 데 피를 흘리지 않고 성(性)만을 바꾸었다 해서 지어진 말이다. 그 유래는 중국 은나라 탕왕(BC 1767년)의 '반명'에 나오는 '일신우일신(日新又日新)' 즉, '날마다 새롭게 더 나은 사람이 되어 가자'는 의미와도 같다. 그러므로 앞으로는 시대를 넘나들며 새로운 분야로의 도전과 배움을 통해 창의적인 혁신가들이 세상을 이끌어갈 것이다. 제4차 산업혁명은 매일 새로운 것을 배워 변화해 따라가야 생존이 가능한 시대이다.

우리는 급격하게 변화해가는 디지털 전환의 시대에 달라진 직업 환경을 조망하고 새로운 직업진로의 답을 제시하고자 준비했다. 특히 우리 두 교수는 경영학과에서 오랜 시간 각각 특유의 전공 분야 개발과 강의, 연구에 정진해왔다. 이러한 경험을 총망라하여 본서를 집필하였다. 무엇보다도 #유망 직업을 소개하고 있다. 뿐만 아니라 실제 직업진로에 대한 강의와 컨설팅을 진행하고 있다.

1부는 살아남을 것인가, 사라질 것인가! 생존직업 혁명에 대해서 논하였다. 특히 마지막으로 6부는 직업진로의 답을 제시하고 미래 유망 직업을 대(大)공개 하였다.

바라건대 우리의 산업 분야가 붕괴하지 않으려면 위대한 리셋(Reset) 이 필요하다. 그리고 다시 직업진로 확장과 생존을 위해 새로운 기술과 지혜를 얻는 데 전념해야 할 것이다. 그래서 클라우스 슈밥 세계경제포럼 회장은 위기 속에서도 우리가 힘을 합쳐 신속하게 행동한다면, 즉 '위대 한 리셋(Great Reset)'을 실행한다면 이 위기를 극복하고 더 나은 직업 세 계로 나아갈 수 있다고 말했다.부디 이 책을 읽는 독자들이 위대한 리셋 의 힘을 얻게 될 것을 기대한다. 더 높은 곳을 향해 비상할 수 있는 날개 를 다는 기회가 되기를 바란다.

이 책을 집필하면서 더 많은 연구와 미래 성찰의 부족함과 미래 직업진 로 변화에 대해 세밀하게 묘사하지 못한 것을 죄송스럽게 생각한다. 다시 정진하여 미래 산업을 연구하도록 하겠다. 넓은 마음으로 양해해 주시길 부탁드린다. 마지막으로 경영학과 두 교수가 만든 책을 나눌 수 있어 감 사의 말을 전한다.

경영학과 연구실에서
정병태 철학 박사
김경회 경영학 박사

| 목차

 살아남을 것인가,
사라질 것인가!

1. 프리 에이전트 시대 생존 직업혁명

2부   코로나19 이후
지금 치고나갈 절호의 기회

1. 위드(with) 코로나

2. 돈이 되는 1위 직업진로

3. 디지털 노마드 생존법

미래 직업과 새로운 일자리

1. 대체할 수 없는 없어지지 않을 직업

가장 빠른 디지털 학습 진입 ...234

새롭게 떠오르는 직업진로 ...239

5부	평생 부자로 사는 투자법 돈의 인문학

1. 플라이휠 효과, 직업진로의 답을 찾다

6부	미래 247가지 유망직업 공개

1. 미래 일자리 전망 새롭게 부상한 미래 직업

1부

살아남을 것인가,
사라질 것인가!

"가장 강한 종(種)이 아니라
변화에 가장 잘 적응하는 종이 결국 살아남는다."

– 19세기 영국의 생물학자 찰스 다윈(Charles Darwin)

1

프리 에이전트 시대
생존 직업혁명

변화와 혁신의 급류에서 생존하려면
자신의 경력을 전략적으로 관리하라!

생존 직업혁명 코드

우리는 지금 여느 때보다 빠른 정보화시대에 살아가고 있다.

사라지는 직업이 많아졌고 새로운 유망 직업이 생겨나고 있다.

이러한 패턴으로 세계 산업은 빠르게 변화하고 있다. 앞으로 20대

의 65%는 현재 없는 새로운 직업에 종사할 것으로 전망한다. 심지

어는 이전에 듣지도 보지도 못한 생소한 직업들도 생겨날 것이다.

지금 그러한 변화의 물결 속 자신의 직업과 일자리에서 성장을

원한다면 미래의 유망 직업에 맞춘 준비와 실력, 태도 등 만전을

다해야 한다. 산업혁명의 물결을 헤쳐 나가 미래를 예측할 뿐만 아니라 코로나19 이후 직면하게 될 경제 환경을 기회로 삼아 새로운 직업진로를 창조해 나갈 수 있도록 실용적인 대안을 제시할 수 있어야 한다.

우~와! 1인(人) 기업 시대가 도래 했다.

이제 개개인은 자신의 핵심 직무에서 차별화된 전문성과 창의력으로 몸값을 높이는 전략적인 경력 관리로 억대 연봉의 창출이 가능해졌다. 동시에 현재의 직무에서 보다 창의적인 프로세스를 개발함으로써 개개인의 경력 관리와 창의적 직무로 부(富)를 창출하는 활동을 영위할 수 있는 시대다.

우리는 그 어느 때보다 새로운 생존방식이 요구되는 시대에 살고 있다. 환경의 변화, 직업의 적응, 그리고 치열한 경쟁과 생존의 선택을 해야만 한다. 자신만의 '업'에 충실하며 끊임없이 진화를 해야 생존할 수가 있다. 그래서 19세기 영국의 생물학자 찰스 다윈(Charles Darwin)은 어쩌면 이 시대에 딱 들어맞는 말을 하였다. "가장 강한 종(種)이 아니라 변화에 가장 잘 적응하는 종이 결국 살아남는다." 그러니까 가장 오래 살아남는 자가 되려면 변화에 가장 잘 적응하는 자가 되어야 한다.

제4차 산업혁명 시대에다가 코로나19 이후 사회에 적응하고 경쟁력을 갖추기 위해서는 과거의 낡은 생각들은 과감히 바꿔야 한다. 이를테면 직무에서 승진, 취업 후 평생 고용, 회사에 대한 고정관념 같은 전통적 개념을 송두리째 버리고 혁신적 패러다임을 지녀야 한다. 이제 자신의 능력과 창의적 아이디어, 뉴 가치관과 인품 등을 기반으로 경력 관리를 하지 않으면 생존할 수 없다. 이러한 직업진로 혁명에 대응하기 위해서는 프리 에이전트(Free Agent)적 변화가 뒤따라야 한다. 앞으로 현상유지는 곧 퇴보를 의미하기에 새로운 환경 변화에 따라 직업과 직무 경력 관리에도 새롭게 변화하는 것이 당연하다.

프리 에이전트

프리 에이전트(Free Agent)는 거대한 조직에서 벗어나 장소, 시간 등 원하는 조건으로 상호 자유롭게 일하는 직업인을 뜻하는 제4차 산업혁명의 새로운 용어이다.

신新 직업인의 필독서

코로나19 이후(Post Corona) 평생 고용을 보장하는 직업문화는 없어지고 있으며 경력 관리 중심의 프리 에이전트(Free Agent) 환경으로 변화되고 있다. 그러므로 이 책은 다양한 직업인 모두가 꼭 읽어야 할 필독서이다.

우리는 미래 사회를 마치 공상과학 영화의 한 장면으로 생각했지만 이제는 생생한 현실이 되었다. 현재 제4차 산업혁명이 도래한 지 얼마 되지도 않았는데 급격한 변화와 혁신을 다시 요구하는 제5차 산업혁명기에 서 있다. 경제는 불황 속인데 새로운 기술들은 기하급수적으로 늘어나고 있다. 어쨌든 이 시대의 흐름에 적응하기 위한 뉴 패러다임을 가져야 살아남을 수 있다.

그래서 최고의 경영학자 중 한 사람인 톰 피터스(Tom Peters)는 "전통을 버리고 모험을 감행하려는 사람들에게 이처럼 충분한 기회를 제공하는 시대는 일찍이 없었다"라고 했다.

급격한 변화의 프리 에이전트 시대에 자신의 경력과 직업은 기이한 창의적 변화를 가져야 생존할 수 있게 된다. 미래학자 다니엘 핑크(Daniel H. Pink)는 "21세기는 자유롭게 자기 삶을 컨트롤하며 일하고 여가를 즐기는 '프리 에이전트의 시대'가 될 것이다"고 말했다. 이는 평생직장을 넘어 평생직업 역량 관리를 하지 않으면 일자리의 위기를 맞을 수 있다는 의미이다. 즉 기존 직업진로를 바꾸라는 의미이다. 결국 제4차 산업혁명 시대는 유연하게 모여 스마트하게 작업을 하고 더욱 창의성이 필요하다. 그래야 미래의 일자리에서 도태되지 않는다. 그런데 아직도 현재의 일터에서 사다리를 타고 오르듯 승진하겠다는 안이한 생각은 버려야 한다. 앞으로 성공적인 직업진로는 프리 에이전트 역량으로 결정될 것이다. 즉 자신의 경력 관리를 해야 한다.

분명 이 책은 이미 제4차 산업혁명을 맞이하였고 코로나19 이후, 당신의 직업과 삶을 조율해 나갈 수 있도록 힘이 되어 줄 것이다. 그리고 새로운 사회 트렌드를 읽고 예측할 수 없는 노동시장을 꿰뚫어 준비할 수 있도록 보탬이 될 것이다. 전략적으로 직업을 잘 준비할 수 있도록 실용적인 지침을 제시하고자 한다.

보다 유연하고 스마트하게 준비

1인 창업과 전문 역량을 갖춘 사람들의 프리 에이전트의 범주를 보면 공유경제를 활용하고 플랫폼을 통해 상품과 서비스를 공급하는 동시에 언택트 소비 트렌드를 읽고 재빠른 비즈니스를 펼칠 수 있어야 한다. 그래서 다니엘 핑크는 미래 인재의 6가지 조건을 '디자인, 스토리, 조화, 공감, 놀이, 의미'라고 말하며, 우뇌형 인간이 되려고 노력해야 한다고 하였다.

과거 역사상 유례가 없는 속도로 기술과 문화 혁신이 이루어지고 있다. 제4차 산업혁명과 코로나19 팬데믹 이후 우리는 새로운 경제혁명을 맞이했지만 너무 빠르게 새로운 직업 트렌드로 바뀌었다. 그러므로 기업과 직장인들은 변화하는 세상에 보다 유연하고 스마트하게 적응해야 할 뿐만 아니라 민첩해야 한다. 낡은 처리 방식으로는 새로운 경제 환경에서 생존을 보장받을 수 없다. 당연 좋은 일자리가 찾아오기를 기다리는 수동적 자세로는 내적인 성장은 없다. 대신 적극적으로 탐색하고, 변화에 대비하는 자기 경력 관리가 필요하다.

과거 새로운 일자리가 많이 창출되었지만 코로나19 이후는 오히려 일자리가 감소하고 있다. 기존의 직장 개념은 사라졌고 언택트 사회에 맞는 일자리가 창출되고 있다. 계속하여 우리가 알고 있는 일반적인 일자리는 사라지고 있으며 신(新) 직업이 생겨나고 있다. 이제 프리 에이전트나 1인 창업, 경력 관리, 전문 자격증 등이 바로 최고의 선택이다. 방구석이 돈이 되는 직업이 되었고, 1인 기업이 가능한 시대이다.

지금 직장인들에게 필요한 것이 자기 경력계발을 위한 새로운 패러다임이다. 급히 의식과 인식의 변화가 필요하다. 2~3년 후에 그만둘 직장이라면 아예 1인 기업으로 시작하라. 나만의 콘텐츠, 전문 지식으로, 무자본 창업이 얼마든지 가능한 시대이다. 어쩌면 성장할 수 있는 절호의 기회가 될 수 있다. 묶여 있는 낡은 온정주의 문화와 패러다임을 버리지 못하고는 앞으로 성장을 기대할 수 없다. 세상과 산업이 바뀌고 있다면 직원들, 구직자, 창업 준비자, 또한 유연한 사고를 갖고 변신해야 한다.

• 공유오피스 1인 창업

한 3인의 여성 리더는 일에 매여 있거나 고착된 직장을 선택하지 않았다. 나름 창의적 1인 비즈니스를 선택했다. 3인은 공유오피스에서 손쉽게 창업을 했고 각자의 사업자를 갖춰 공유하며 비즈니스를 펼치고 있다. 한 분은 디지털 창작 연구소, 또 한 분은 강의로, 그리고 한 분은 상담사로 역동적 비즈니스를 펼치고 있다. 많은 사람들의 왕래와 교육, 컨설팅 활동을 통해 비즈니스를 참 잘하고 있다. 그들은 웬만한 월급쟁이 보다 낫다고 말한다. 무엇보다도 공유오피스가 큰 창업의 힘이 되었다.

결국 낡은 패러다임에 매몰되게 만드는 기능적 고착에 빠지지 말아야 혁신할 수 있다. 혹 안이하고 힘들게 일에 얽매이어 있다면 출근하기 싫은 직장생활이라면 적은 월급에 연연하지 말고 일자리를 옮겨보거나 프리 에이전트, 나만의 창작 콘텐츠나 언택트 창업에 도전해 볼 것을 권한다. 어쩌면 직업을 바꾸는 것이 성장의 시작일 수 있다. 자신의 경력을 전략적으로 잘 관리하여 변화의 물결에 올라탄다. 그러려면 직장과 사회, 시장의 변화하는 요구에 대한 고도의 자기성찰과 끊임없는 역량 개발이 필요하다. 그래야 빠르게 변화하는 환경을 파악해서 기회를 포착할 수 있기 때문이다. 그 이유로 앞으로는 모든 직업 분야에서 이러한 인재를 선호하게 된다.

• 성장을 향한 태도

지금 자신의 단계는 어디에 있는가?

추진력

1　2　3　4　5

승진 중심 _____ 전문성 습득 중심

변화에 대한 자신의 적응능력 평가

끊임없는 자기계발

1　2　3　4　5

저항 _____ 선도

밖에서 안으로 협력

앞으로 조직의 직업 환경은 상호협력이 가능한 팀워크의 가치를 매우 중요시한다. 즉 개인의 경력을 통한 팀과 팀워크를 중시한다. 그러므로 이기적 개인 중심은 어느 조직에서도 쳐주지 않는다. 설 자리가 없다.

그래서 대외적인 경쟁을 위해 직원들은 동료들과 협력적이어야 한다. 즉 정교한 대인관계 기술을 습득하지 않으면 팀이 성과를 낼 수 없게 된다. 그러므로 조직은 밖에서 안으로 협력해야 한다. 개인이 협력하면 분야를 넓힐 수 있고 신속한 일 처리가 가능하기 때문이다. 조직에 전문성이 필요할 경우에는 문제 해결을 전문으로 할 수 있는 팀을 이용한다. 또 각자 구성원들은 각각의 영역에서 서로 다른 능력을 가지되 서로 협조할 경우 더 나은 결과를 얻을 수 있다. 그래서 정교한 인간관계와 설득력은 뛰어난 성과를 달성하도록 돕는다. 따라서 평상시 원만한 소통과 훌륭한 대인관계를 유지하여 문제시 능숙하게 다른 사람의 협력을 얻어낼 수 있어야 한다. 그러려면 사전에 대응과 전략을 세워야 하고 자신의 경력을 준비된 상태로 유지한다. 평상시 동료들과 수평적 대화력을 갖춰야 한다. 그래서 당신이 우수한 팀원들과 일하고자 한다면 엄청난 노력이 선행되어야 한다.

앞으로 지식의 총량은 기하급수적으로 늘어날 것이다. 제4차 산업혁명 시대는 더욱 가속화될 것이며 다른 사람보다 앞서기 위해서는 평생학습이 필수적이다. 개개인의 새로운 지식과 경력 관리가 우수한 직원으로 평가하는 잣대가 되었다.

직무 능력 체크하기

팀워크	체크하기(난 어디에?)
다른 사람과 협조하고, 팀의 성과를 높이기 위해 다른 사람들을 도와주고, 협력적으로 일하고, 친절한 대화를 통해 공감대를 형성하여 상호존중할 수 있는 환경을 만든다.	기본, 능숙, 우수, 전문가

미래로 나아가는 전략적 목표수립

제2차 세계대전 당시 육군 대장이었던 드와이트 아이젠하워는 "계획이 비록 가치가 없다 하더라도 계획 수립은 필수적이다"라고 말했다. 우리가 미래를 예측하기 위한 최선의 방법은 전략적 목표 수립을 하는 것이다.

지금 새로운 경제혁명을 맞이했고 직업혁명도 도래했다. 세상이 너무 빠르게 변화하고 있어 따라가기도 쉽지 않다. 대신 가능한 한 다양한 대안을 갖추기 위해 동향을 예상하고, 트렌드를 읽어 당신이 부딪칠지도 모를 문제들을 미리 확인해야 한다. 또한 스스로 선택해야 하고 끊임없이 변화하는 세상에서 실제적인 성취를 이루기 위한 목표수립과 실천적 계획은 동적이고 탄력적이어야 한다. 끊임없이 자신의 발전 가능성을 상상하면서 경력계발이 실현될 수 있다는 신념을 가져야 한다. 그리고 꿈을 이루기까지는 미리부터 포기하는 행동을 취해서는 안 된다.

목표수립에 다가가는 방법으로는 우선 당신의 목표를 성취하기 위한 계획을 세우는 행동에 고무되고 있는지 확인하고 변화와 뜻밖의 발견을 위한 여지를 남겨둔다. 그리고는 가장 빨리 성취할 수 있는 단기 목표를 세우고, 그 목표가 성취된 다음에 새로운 중기 목표를 수립하고 장기적 목표수립을 갖는다.

• 자신의 창의성 능력 평가

모든 측면에서의 유연성

1   2   3   4   5

저항 _____ 선도

독창성

1   2   3   4   5

낮다 _____ 높다

개인적인 모험 수용과 실패를 감수하겠다는 의지

1   2   3   4   5

낮다 _____ 높다

2

나의 몸값
높이는 법

하루가 다르게 변화하는 경제 환경에서
어떻게 하면 밀려나지 않고
살아남을 수 있을까?

획기적인 도약

능력계발이란 자신의 일자리 목표를 성취하는데 필요한 입지를
구축하기 위한 가장 안전한 방법이다. 능력은 특정 역할에서 성공
하는데 필요한 지식과 기술 그리고 업무 능력이다. 그런데 갖춘 능
력은 쉽게 사라지지 않지만, 활용하지 않으면 무뎌진다. 그래서 끊
임없는 지식과 기술 그리고 업무 능력계발이 필요하다.

전략적인 직업경력 관리

사마천의 역사서 〈사기〉 마무리 부분인 〈태사공자서(太史公書)〉에서 이렇게 말하고 있다.

"서백창은 은나라 주왕에 의해 감옥에 갇혀 있었기 때문에 〈주역〉을 알기 쉽게 자세히 설명하였고, 공자는 진나라와 채나라 사이에서 고생을 겪으면서 생각한 바가 있어 〈춘추〉를 지었으며, 초나라의 굴원은 벼슬에서 쫓겨나 귀양살이를 했기 때문에 〈이소〉를 지었다."

내가 원하는 일자리가 5년 뒤에도 그대로 있을까?
위 물음에 대해 한 속담으로 답하겠다.

"바람은 목적도 없는 배를 위해 불어주지 않는다."

잠깐 배가 폭풍우 속을 항해한다고 생각해 보자, 목적지가 없다면 굳이 태풍과 싸우지 않아도 된다. 그러나 목적지가 분명하다면 진로를 그릴 수 있다. 분명 끊임없이 변화하는 환경 속에서 전략적인 경력관리 없이는 조직조차 사라지고 없을지 모른다. 앞으로 요구되는 창의성, 민첩성, 속도가 경쟁에서 우위를 점하기 때문이다.

정보와 지식의 총량은 기하급수적으로 늘어나고 디지털 전환은 모든 산업 분야에 더욱 가속화될 것이다. 현재 자신이 알고 있는 지식의 절반가량은 직업 따라서 6개월 이내 쓸모가 없어지게 된다. 그래서 다른 사람보다 앞서기 위해서는 평생학습이 필수적이고 새로운 지식과 전문적 경력관리가 중요하다.

기업의 상품은 점차 재고 물량을 줄이는 대신 주문 제작 및 외주로 바뀌고 상품공급도 국내외 생산업체와 직접 연결한다. 따라서 획기적인 도약을 위해 끊임없는 개선을 모색해야 하고 적극적인 혁신을 펼쳐야 한다. 만약 이러한 변화를 따라잡으려는 의지가 없다면 내 일자리를 존속하기란 쉽지 않을 것이다. 창업이나 신 직업을 개척하기는 더 힘들며, 목표한 것을 성취할 수 없다. 그러므로 먼저 움직여야지 뒤따라가서는 소용이 없다. 나태한 사고방식을 가지고는 획기적인 도약을 바랄 수 없다. 앞으로는 발 빠른 지식과 전문 기술 전환 능력이 살아남는 방법이기 때문이다.

요즘 젊은 사람들이 퇴직할 때쯤이면 평균 예상 수명이 90-100세가 된다. 이제 퇴직이란 일이 없는 것이 아니라 일을 계속하되

100세까지 일해야 한다는 개념이다. 그래서 퇴직을 하는 나이가 없어졌다. 조기 퇴직뿐만 아니라 직업상의 관례로 퇴직까지 자리를 보장해주지도 않는다. 어떤 퇴직자들은 상당히 낮은 수준의 근로조건으로 직업을 바꾼다. 일을 지속적으로 하기 위함이다.

이제 누구든 새로운 미지의 항로로, 한 번도 가보지 않은 진로를 향해 나아가야 한다. 앞으로는 예측 가능한 직업 경로란 없으며 사전에 계획된 항로도 없다. 하루가 다르게 새로운 변화의 시대를 맞이하였기에 스스로 배의 선장이 되어, 방향의 결정권을 가지고 항해해야 한다. 자신의 능력을 확실히 파악하고 신뢰하여 미지에 대한 두려움에 맞서 탐구하는 맘으로 모험을 즐겨야 한다. 따라서 이제는 스스로가 자신의 미래를 개척해야 한다. 미래 직업 탐구와 생존방법을 준비하고 전략을 세워 변화에 민감하게 대처함으로써 자신의 직업역량을 극대화할 수 있다. 반대로 직업역량이 준비되어 있지 않은 사람은, 힘든 현실에 부딪혀 낙오자로 전락할 수 있다. 어쩌면 그 어디에도 일할 자리가 없을 수도 있다.

꼭 기억하라, 위기에서 기회를 만든다. 그래서 예나 지금이나 개인과 조직의 성장은 적극적인 준비에서 비롯된다.

사람들이 사는 목적은 다를 수 있다. 그렇지만 그 목적을 이루는 데 요구되는 자세는 모두 같다. 목적하는 것을 얻기 위해 적극적으로 찾아 나서지 않으면 어느 것 하나 주어지지 않는다. 결국 코로나19 이후 경제와 직업 분야는 적극적으로 나서지 않으면 내가 일할 자리가 없을 수도 있다. 평생학습과 적극적인 경력관리를 토대로 시대적 상황에 맞서야 한다.

갈고닦아 경쟁력 우위 확보

인도의 성자 간디는 "앞을 보고 무조건 달려가는 것보다 현재의 생활이 더 중요하다"고 말했다. 지금 나의 경쟁력 우위를 확보하기 위해 무엇이 부족하고 무엇을 갖춰야 하는지를 정확히 파악해야 한다. 즉 자신의 경력관리가 중요하다.

그래서 빠르게 변하는 시대에 대다수의 사람들에게 무엇보다 중요한 문제는 통합과 유연성, 그리고 균형이다. 그렇기 위해서는 우선 내가 변화하고 혁신적으로 변신해야 한다.

이제 창의성은 더 이상 어느 한정된 분야에서만 필요한 것이 아니라 나름 창의성을 통해 경쟁 우위를 확보할 수 있어야 한다.

한 예로 미국의 3M 기업을 보면 직원들의 업무 시간의 15퍼센트를 새로운 아이디어를 연구하고 발굴하는데 사용할 수 있다. 아이디어 창작에 성공한 직원들은 보상을 받는다. 또 하루에 14건의 특허를 획득할 정도라고 한다. 그런데 창의성을 기르기 위해선 업무에 대한 접근 방법을 바꿔 끊임없이 배우고 새로운 혁신을 추구해야 한다.

여전히 많은 기업들은 성공에 필요한 필수적인 요소로 창의성과 관계력을 꼽고 있다. 이러한 가치를 위해서는 다양한 지식을 갖추고 전문 분야의 연구와 사색을 통해 견실한 전문적 실력을 갖춰야 한다. 직업역량을 적절히 발전시킬 수 있도록 노력한다. 특히 내외면 탐구, 미래 지향, 직무연구 등 이러한 요소들을 일체화할 때 분명한 성과를 낼 수 있다. 조직은 환경이나 구조적인 측면에서 점점 더 변화의 속도가 빨라지고 있으며 직원들은 그 변화에 따른 적응할 태세를 갖추고 있어야 한다. 결국 자신의 분야를 갈고닦아 전문적 역량을 확보해야 한다.

직업역량 갖춰 직업 바꾸기

독일의 식물학자 J.G. 쾰로이터가 잡종연구를 통해 농업생산에 실용화하였다. 대표적인 예로 미국의 옥수수 잡종강세(hybrid vigor)

이다. 수확은 많이 나지만 병충해에 약한 옥수수씨와 병충해에는 강하면서 수확이 적은 옥수수씨를 교배시켰을 경우 병충해에 강하면서 수확도 많이 나는 둘만의 강점만을 갖춘 옥수수씨를 얻을 수 있었다. 바로 잡종강세(F1)이다.

이처럼 인간이 형성한 사회 역시 이질적인 다양성이 만나 화학작용을 일으킴으로써 더 경쟁력 있고 풍요로운 사회로 진화하게 된다. 그래서 지금 우리는 다양성이 경쟁력이 된 사회에 살고 있지 않은가.

시대가 변하고 근무 환경이 바뀌어도 경쟁력은 자신을 지탱해 줄 강력한 힘이다. 직업 선택의 기준이 되는 경력역량 요소로는 관리능력, 기술, 안정성, 순수한 도전, 자율과 자립, 삶과 일의 균형, 봉사와 헌신, 기업가정신, 창의성 등이다.

미국의 제조업체인 제너럴 일렉트릭사(GE)의 회장직과 최고 경영자(CEO)직을 역임한 잭 웰치는 "어쩔 수 없을 때까지 기다리지 말고 스스로 변화를 추구하라"고 하였다. 나의 미래 예측으로 보더라도, 긴 일생 동안에 평균 3번 이상 직업을 바꾸게 될 것이다. 그런데 직업의 변화는 리스크를 수반한다. 직장을 떠나겠다는 결정은 분명 어느 정도의 본질적인 리스크를 수반하게 된다. 미지의 위험을 즐기듯 새로운 도전에 설렘으로 기다려야 한다.

• 자신의 직업역량 진단하기

■ 나는 현재의 직장이나 새로운 업무를 훌륭하게 처리하기 위한 능력에 도움이 되는 지식, 기술, 시장경쟁력 등을 보유하고 있는가?

■ 나는 사람을 설득하고, 문서작성, 교육과 프로젝트 관리, 디지털 활용, 디자인 등 나의 분야에서 사용되는 특수한 기술적 능력을 보유하고 있는가?

■ 나는 팀워크, 창의적 생각, 의견, 경청, 균형적 관계 등의 속성을 갖춰 리더십을 발휘하고 있는가?

누가 봐도 떠나야 할 시기가 되었는데도 불구하고 머물러 있는 사람들은 대개 무기력해지고, 일 처리가 신통치 않으며, 자신의 불만을 다른 사람에게 말한다. 당연히 평판이 좋지 않다. 그러나 스스로 경력 관리하기 위해 직업을 바꾸는 것은 달아나는 것이 아니라 전진하는 것이다.

직업역량을 갖춰 직업을 바꾸는 사람들은 종종 새로운 분야에서 어느 정도의 경험이나 훈련을 통해 경쟁력을 갖춘다. 지속적으로 배우고 전문성을 갖춰 옮겨가는데 충분한 자격을 갖추고 있다.

잡 노마드 기질

다시 강조하여 말하건대 제4차 산업혁명 시대는 분명 잡 노마드 (Job Nomad) 사회로 가고 있다. 잡 노마드(Nomad)란 직업에 따라 유랑하는 '유목민'이라는 뜻의 신조어이다. 즉 과거의 직업 세계에 등을 돌린 사람을 일컫는다. 특정한 방식이나 삶의 가치관에 얽매이지 않고 끊임없이 새로운 자아를 찾아가는 것을 뜻하는 말로, 살 곳을 찾아 끊임없이 이동하는 유목민(Nomad)에서 나온 말이다. 그들은 평생 한 직장, 한 지역, 그리고 한 가지 직업에 매달려 살지 않는다. 마치 잡 노마드 기질을 갖고 살아간다.

800년 전 당시 몽골 기마병은 세계 최고의 부대였다.

칭기스칸이 고비 사막을 건너 서하 지역을 점령했을 때 처음 성곽과 마주쳤다. 질풍 같은 속도와 무자비한 용맹을 자랑하는 몽골군도 처음 대하는 성곽에는 별 뾰족한 수가 없었다. 그렇지만 칭기스칸은 '정주(定住)는 안주를 낳고 안주(安住)는 안락을 낳고 안락(安樂)은 결국 죽음을 가져온다'는 말을 알기에 성을 쌓지 않았다. 일찍이 이 원리를 알고 유라시아 대륙을 마음껏 유린한 칭기스칸이 성곽 하나로 좌절할 리가 없었다. 칭기스칸은 서하의 왕에게 몽골군이 즐겨 먹는 고양이 천 마리와 제비 만 마리를 바치면 철군을 하겠노라고 알린다. 서하의 왕은 너무 가벼운 철군 조건에 서둘러 제비 천 마리와 고양이 만 마리를 잡아 칭기스칸에게 바친다.

칭기스칸의 뛰어난 전략적 창의성을 엿볼 수 있다.

넘겨받은 고양이와 제비 꼬리에 솜뭉치를 달아 그 솜뭉치에 불을 붙여 고양이와 제비들을 다시 놓아주었다. 고양이와 제비들은 자기들이 살았던 성안으로 들어가서 이곳저곳에 불을 지른다. 당황한 서하의 병사들은 불을 끄다 보니 칭기스칸의 군사들을 맞서기에는 무리였다. 서하는 결국 칭기스칸의 전략 앞에 항복하게 된다.

지혜로운 칭기스칸은 9살 때 집에서 쫓겨났고 배운 게 없어 문맹인이었다. 그러나 그에게는 미래를 읽는 지혜로움이 있었기에 역사상 유래 없는 거대 제국을 건설할 수 있었다.

47

결국 잡 노마드(Job Nomad) 기질은 현재의 결여된 자질을 극복하는 능력, 본질에 집중하는 힘이다. 자신의 풍부한 경력을 적극적으로 활용하는 기술이다. 또 끊임없이 변화하는 노동시장에서 자신의 직업을 유지하는 능력이기도 하다.

역사는 끊임없는 이동의 순환과정을 거치며 정착과 유지를 공고화시켰다. 디지털 산업혁명은 유목민 즉 노마드(Nomad) 일을 갖도록 변화시켰다. 노마드족의 특성은 특정 문화나 직업에 얽매이지 않고 개성을 중요시한다. 이들은 디지털과 SNS를 이용해 자신의 생활터전에서 일하기를 더 좋아한다. 시간과 공간의 제약을 뛰어넘어 자유롭게 이동하고 옮겨 다니며 일을 한다. 분명 이들이 우리 사회의 변혁을 주도해나갈 것이다.

3

인문(人文)하는 착한 인간

인성(人性) 강대국이 되면 희망이 있다.
최강 인성(人性) 경쟁력을 갖춘 나라를
당할 자 없기 때문이다.

미래 지적 재산

· **클라우스 슈밥**(Klaus Schwab)

신(新) 혁명을 논한 독일의 경제학자 클라우스 슈밥(1938- 하버
드 대학교, 경제학 박사)은 스위스 세계경제포럼의 창립자이자 회
장, 학자이자 기업가, 정치인으로 활동하였다. 그는 제4차 산업
혁명은 열려있는 기회이므로 반드시 붙잡아야 한다고 하였다.

· **피터 드러커**(Peter Drucker)

현대 경영학의 아버지로 불리는 피터 드러커(1909~2005)는 미래사회 리더의 기업가정신과 지식경영을 만들었다. 오스트리아 빈 출신의 미국인이며 작가이자 경영학자였으며 스스로는 "사회생태학자(social ecologist)"라고 불렀다.

인성(人性) 경쟁력

세계에서 가장 지혜롭다는 유대인 엄마들이 아이들에게 내는 수수께끼다.

"집이 불타고 재산을 빼앗기는 상황이 왔을 때에도 안전하게 지킬 수 있는 재산이 뭘까?.., 힌트를 주자면, 그것은 모양도 색도 냄새도 없다."

... .. 답은 지적(知的) 재산이다.

OECD국가 한국 청소년 자살률 1위, 중년 노인 자살률 1위, 그리고 우울증 발생률 1위, 이러한 문제 해결방안이 무엇이라고 보는가? 나는 한마디로 "인성(人性, humanity)" 경쟁력을 갖춘 사회가 되어야 한다고 본다.

또 세계적으로 큰 부자들의 마음 씀은 어떨까?

그들은 사람 인(人)이라는 글자를 알기에, 혼자서는 성공할 수 없다는 것을 너무도 잘 알기에 인간관계 조율능력, 곧 마음 씀을 달리했다.

바야흐로 인공지능(AI, artificial intelligence)과 로봇, 무인 자동화가 일상의 면접까지도 간섭하고, AI 빅테이터 등으로 무장한 산업과 디지털 전환 등의 시대가 도래했다. 하지만 구글의 알파고 (AlphaGo)가 중국의 커져와 한국의 바둑 9단 이세돌을 이긴다 할지라도 AI가 인간을 대신할 수 없는 곳이 있다. 바로 인간의 고유한 영역인 〈인성人性〉이다. 인간의 고유가치 감성(오감)까지 아직 침범할 수 없다. 인성은 인간이 반드시 지켜야 할 마지막 영역이다. 그러므로 인성을 즐기는 자를 당할 수 없다. 그래서 미래의 경쟁력은 바로 착한 인간, 즉 인간다움(Humanism, 人文)이다. 영어 단어 'humanities(휴마니타스)'는 '인문학'으로도 번역한다. 결국 '읽다, 걷다, 생각하다, 말하다'를 실천하는 분야이다. 따라서 인간은 '인간다움'을 성찰하고 추구하는 존재이다.

나의 바람은, 인성(人性) 강대국이 되면 희망이 있다고 본다. 최강 인성(人性) 경쟁력을 갖춘 나라를 당할 자 없기 때문이다.

· 공자 〈논어〉 옹야(雍也)편

지지자(知之者) 불여호지자(不如好之者),

호지자(好之者) 불여낙지자(不如樂之者)

아는 사람은 좋아하는 사람을 당할 수 없고,

좋아하는 사람은 즐기는 사람을 당할 수 없다.

혁신 톱날 4고(考)

진정한 혁명은 낡은 것들의 파괴 없이는 그 무엇도 이룰 수 없다. 남이 아닌 자신의 오래된 사고와 통념부터 완전히 버리는 기백이 먼저다. 온 몸을 던져서라도 바꾸겠다는 강한 의지를 가져야 한다. 나에겐 더 이상 퇴로는 없다는 신념 말이다. 피할 퇴로를 없애고 앞을 향해 도전하는 자세가 없으면 미래로 나아갈 수 없다.

유명한 스티브 코비 박사의 초베스트셀러 〈성공하는 사람들의 7가지 습관〉 책의 원제목은 〈높은 효과를 내는(highly effective) 사람들의 7가지 습관〉이라고 되어 있다. 여기에 성공이란 적은 노력을 들여서 많은 결과를 생산해내는 것을 의미한다. 이 책에 나오는 일화이다.

산속에서 땀을 뻘뻘 흘리며 큰 나무를 톱질하여 베어내는 사람이 있었다. 너무 많은 나무를 베다보니 톱날이 무디어져서 일의 능률이 점점 떨어져 갔다. 옆에서 누군가 충고를 했다. "톱날을 간 뒤에 다시 일을 하시지요." 그러나 그는 다음과 같이 대답하며 계속 일에 열중했다. "끝을 내야 할 날짜가 얼마 남지 않았소. 바빠 죽겠는데, 언제 한가하게 톱날을 갈고 있을 수 있단 말이오."

이처럼 성공하기 위해서는 평상시에 톱날을 갈아놓는 습관을 가져야 한다. 언제 톱날을 가느냐?가 매우 중요하다.

제4차 산업혁명시대의 특징은 창의적 혁신의 톱날을 평상시에 갈아놓아야 한다는 것이다. 과거와 같은 무디고 녹슨 칼날로는 그 무엇도 베고 자를 수 없다. 이미 와 있는 디지털 사회는 예상보다 빠르게 혁신적 변화를 일으키며 불연속적이고 선동적이다. 그 변화의 강도가 가히 혁명적이다. 이 변화의 물결에 올라타려면 이미 톱날을 날카롭게 갈아놓아야만 한다.

흔히 기업경영의 3대 자원을 3M 즉 돈(Money), 사람(Man), 물자(Material)라고 한다. 그런데 제4차 산업혁명 시대에 지적(知的) 자산은 마치 집을 짓는 데 있어서 기초 공사의 중요성과도 같다. 이를 혁신 톱날 4고(考)라는 말로 만들어봤다. 이 혁신 톱날들의 기초는 비전을 세워 긍정적 자세를 갖추고 부단히 노력하여 이루는 것이다.

창조적 4고(考)

심고(心考)	사고(思考)	수고(手考)	족고(足考)
마음으로 느낀다.	머리로 생각한다.	손으로 시도해 본다.	발로 뛰면서 알아본다.
↓ 창의성			

과감한 혁신적 마인드

혁신가인 알렉 로스의 책 〈미래산업보고서〉(알렉 로스 지음, 안기순 옮김, 사회평론, 2016년)의 결론을 보면, 노인을 간호할 로봇의 등장, 가정의 사이버 공격, 멸종 동물의 부활, 무인 기술의 혁명, 인공지능 등 미래는 어떤 준비를 하느냐에 따라 생존이 걸려 있다고 말한다. 또 경영학 교수 가주오 이치조(Kazuo Ichijo)의 〈지식창조경영〉(가주오 이치조, 이쿠지로 노나카 지음, 정재봉 옮김, 디자인 하우스, 2010년) 책의 결론은, 21세기 기업의 성공은 기업의 경영자가 국제화를 기반으로 어느 정도 수준까지 지식을 창조하고 공유할 수 있느냐에 달려 있다고 하였다. 한마디로 미래는 우리를 기다려주지 않는다. 미래의 산업이 앞당겨져 거의 모든 분야에서 급격하게 변화를 맞이하고 있다.

이제 혁신적 새로운 가치를 학습하여 기존의 낡은 사고의 틀을 깨고 새로운 혁신을 바로 예측하여 새로운 물결에 올라탈 대비를 해야 한다. 특히 제4차 산업혁명 시대의 핵심 가치 기술인 인공지능, 로봇, 빅 데이터, 클라우딩, 3D 프린팅, 나노, 바이오, 가상화폐, 드론, 무인 자동차, 사이버안보, 공유경제, IoT, 코딩, 플랫폼 등의 기술을 학습하여 확보해야 한다.

또 미래 사회를 이끌고 있는 기업의 사례와 기업가정신, 혁신 마인드를 학습하여 창의성을 발휘하고, 창의적 사고혁신으로 문제해결을 할 수 있어야 한다. 그래서 21세기 중요 키워드가 바로 창의성, 긍정적 사고, 혁신, 혁명, 문제해결, 4차 산업혁명, 기업가정신, 리엔지니어링, 미래산업, 마인드, 지식창조, 언택트 등 이다. 이 키워드들을 부단히 학습하고 적극적으로 활용해야 한다. 비즈니스와 삶에서 성공하는데 큰 원동력이 될 것이다.

한 기자가 세계 최고의 부자로 불리는 마이크로소프트(MS)사 창업자 빌 게이츠에게 성공의 진짜 비결이 무엇인지를 물었다고 한다. 나 역시도 궁금해왔다.., 빌 게이츠는 한마디로 '긍정의 마인드'라고 대답했다. 긍정의 기업가정신을 갖고 혁신하였기에 성공할 수 있었을 것이다.

이처럼 목표한 것을 얻기 위해서는 절대 긍정의 마인드, 기업가정신, 혁신경영이 필요하다. 미래 경영은 필히 미지의 새로운 환경에 과감히 도전하는 혁신가적 자세를 가져야 한다. 위험을 무릅쓰고라도 더 나은 창조적 가치 창출을 위해 들이대는, 혁신적으로 문제의 해결책을 제시해야 한다.

나만의 색(色)다른 직업진로

제4차 산업혁명시대는 꿈, 상상력, 모험 등 창조경제의 경쟁력을 매우 중요시한다. 애플의 창업주 스티브 잡스도 2005년 스탠퍼드대 졸업식에서 21세기 창조경제는 꿈과 상상력, 모험은 경쟁 우위의 핵심 원천이라고 강조했다.

유대인 벤 엘리에제르의 말이다.

"진리는 길바닥에 떨어진 돌멩이처럼 어디에나 흔하게 있다. 그런데 돌멩이를 줍기 위해서는 몸을 구부려야만 한다. 문제는 사람들이 진리를 줍기 위해 허리를 구부리는 일조차 하지 않는다는 것이다."

이는 움직이려는 실천을 강조한 말로서 아무리 좋은 계획과 꿈을 가지고 있더라도 행동하지 않으면 그 무엇도 이룰 수 없다는 의미이다. 그러므로 창의적인 생각은 성공으로 이끄는 원동력이다. 그래서 단순히 모방하거나 달달 외우는 암기적 지식으로는 성공할 수 없으며 남다르면서 색(色)다른 자질이 필요하다. 나만의 선명한 무늬가 있어야 하고 창의력을 길러야 한다. 그러므로 제4차 산업혁명시대 색(色)다른 기질은 나만의 창의성을 발굴하고 키우는 것이다. 어쩌면 지금이 그 목표를 성취할 절호의 기회일 수도 있다.

그래서 답이 정해져 있다면 인생을 망쳐놓게 된다. 교과서적인 길을 찾아가서는 창의적 성과를 낼 수 없다. 미래 사회는 모방하거나 틀에 갇혀 정해진 답을 따라 해서는 경쟁력을 갖추기는커녕 후퇴할 뿐이다. 스마트한 결과를 기대할 수 없다. 학생들조차 학원 투어나 외우는 학습을 통해서는 창의적인 색(色)다른 인재로 키울 수 없다. 대신 잘 자고 잘 먹고 잘 놀며, 거기에다 원만한 대인관계가 좋고 유연한 사고와 남다른 상상력을 가진 창의적 인재들이 일자리 현장에서 가장 비싼 인재들이 될 것으로 전망된다. 주의하되, 틀이나 낡은 박스에 가둬서는 절대로 개인의 창의적 경쟁력을 키울 수도 없고 스마트한 인재가 될 수도 없다.

이제 대학교 4년, 군대 2년 등 이 시기에 배운 옛 지식들은 졸업과 동시에 별 쓸모없는 낡은 지식이 되어버릴 수 있다. 그러므로 졸업 후 써먹을 지식은 주입식 교육의 틀에 얽매이지 않아야 한다. 대신 신나게 놀이하듯 즐기는 학습과 미래 사회가 필요로 하는 창의성과 기술을 갖춰야 할 것이다.

나는 많은 연구를 통해 2050년쯤 색(色)다른 직업진로 미래를 읽을 수 있었다. 먼저 인간의 수명은 거의 100세 인생을 살게 될 것이다. 다음으로 미래의 직업은 한 직장, 한 업종, 한 가지 일만 하지 않고 평생 최소 3가지 이상 직업을 바꿔가며 살아가게 될 것이다. 그리고 투잡 형태의 일을 갖게 된다. 그러므로 평생직장 개념의 일자리는 좁아지고 대신 긱 경제(Gig Economy)형태의 일자리는 넓어지게 될 것이다.

그리고 미래의 결혼과 가족 제도는 어떻게 될까?

한 사람하고만 100년을 살까? 아마도 결혼하면 출산을 해야 한다는 의무는 없어지게 될 것이고, 긴 인생에서 한 사람하고만 100년을 사는 결혼관에서 복수 파트너와의 결혼 생활로 바뀔 것으로 생각된다. 거기에 섹스와 생식의 분리는 더욱더 심화할 것이고 제3의 성(性)도 일반화되게 될 것이다. 또 가상현실을 활용한 섹스가 가능해진 세상이 될 것으로 예측된다.

4

AI와 빅데이터 활용으로
미래 가장 인기 있는 직종

AI 활용으로 평균 12년, 50억 달러에 달하는
바이오신약 개발의 신기술이 도래했다.

긴급 미래 일자리 산업보고

2020년 화학노벨 수상자로 프랑스 출신인 독일 막스플랑크연구
소 에마누엘 샤르팡티에(Emmanuelle Charpentier)와 미국 캘리포니아
대 버클리 제니퍼 다우드나(Jennifer A. Doudna)를 선정했다. 여성 과
학자 두 명은 유전자가위로 동물, 식물, 미생물의 DNA를 매우 정
교하게 바꿀 수 있음을 발견했기 때문이다. 유전자가위 기술인 크
리스퍼(CRISPR)는 세포 안에 존재하는 유전자를 추가 및 제거할 수
있는 기술로 유전자의 형질과 변경이 가능하다. 인공지능과 결합

된 크리스퍼는 유전자 교정 효과가 높은 유전자가위를 순서대로 나열하고 실제 실험결과와 예측값의 상관관계를 추론한다. 인공지능 이전의 방식은 연구자 및 의료진이 유전자 RNA를 각각 검증하고 이를 분리하여 유전자가위 형태로 분화시켜야 하는데 인공지능을 이용하면 유전자의 절단과 교정을 하는 활동에 드는 시간과 비용을 절감할 수 있다.

유전자가위 기술(CRISPR-Cas9, 크리스퍼-카스9)은 생명과학에 혁명적인 영향을 미쳤고 새로운 암 치료제 개발에 기여하게 될 것으로 전망된다.

사실 평균 신약이 시장에 출시되기까지는 1000여 명의 인력과 12-15년의 시간이 들어가며, 약 16억 달러가 소요된다. 그런데 AI가 발전되면서 신약 개발에 소요되는 시간과 비용을 획기적으로 줄일 수 있게 되었다. 대표적인 신약 개발 회사는 인실리코 메디슨(Insilico Medicine)이다. 미국 제약회사 화이자(Pfizer)는 인실리코 메디슨과 AI 플랫폼 기술 기반 신약후보물질 발굴 협약을 맺었다. 이 기업들은 딥러닝과 GAN 기술을 통해 노화를 늦추고 젊어지게 하는 약을 개발 연구하고 있다.

크게 성장할 신(新)직업

바닷가재는 300살을 산다고 한다. 보통 쥐의 수명은 2년이다. 현재는 실험을 통해 5년까지 사는 쥐가 나왔다. 이는 인체의 세포에는 죽지 않는 세포 유형이 존재함을 의미한다.

묻겠다. 인체의 세포 중에 나이를 먹지 않는 세포를 알고 있는가? 연구에 따르면 '정자와 난자는 나이를 먹지 않기 때문에 잘 보관해뒀다가 언제든지 수정해 쓸 수 있다'고 한다. 보라, 요즘 누구든 의과대학에서 공부를 하지 않았는데도 줄기세포, 미생물, 텔로미어 세포, 뇌세포 뉴런, P53 유전인자 등 의약 정보를 쉽게 접할 수 있다.

코로나19 이후 인류는 IT가 급속히 발전함에 따라 의료 분야 즉 DNA, 줄기세포, 바이오신약 개발 등 인간 수명 연장과 노화 방지를 두고 연구에 더욱 박차를 가하고 있다.

유망직업으로 바이오 생명공학 연구, 생산, 분석, 프로그램, 유통 등이 미래 일자리 중 가장 인기 있는 직종이 되었다. 특히 AI와 바이오제약을 융합한 관련 신직업의 전망이 밝다. 전통적인 직업 중에는 의사, 간호사, 약사, 제약회사, 병원 장비 등의 일자리가 늘어날 것이다. 앞으로 의료 분야에서 크게 성장할 신(新)직업으로는 DNA사, 유전관련 연구자, 유전자공학 연구원, 생명공학 연구원, 인공장기 조직 공학자, 유전자 검사, 유전자 컨설턴트, 유전자 분석가, 유전자 프로그래머, 유전자 장비기사, 바이오화학제품 제조기사, 생물공학기사, 수질환경기사, 대기환경기사, 식품기사, 폐기물처리기사, 감염병 관리사 등 그 영역은 매우 넓다.

앞으로 AI기술 융합으로 헬스케어 분야가 크게 성장할 것이다.

인공지능(AI)기술 발전으로 우리는 AI와 공생을 해야 한다. 그렇다고 AI 기술의 진보를 두려워해서는 안 되며 슬기롭게 잘 수용해야 한다. 인류의 미래를 비관론으로만 생각하지 말고 현명하게 대처하는 것이 더 중요하다. 부디 이 글을 부정적으로만 평하지 않았으면 한다. 미래에 일어날 일이기 때문이다.

나는 일찍이 미래 직업진로를 연구하여 가르치고 발표하였다. 그렇다 보니 여러 사람들이 묻는다. 미래 직업진로는 어떻게 바뀔까? 그때마다 영화 〈스타워즈〉를 보면 답을 얻을 수 있을 것이라고 대답한다.

미래에는 나노의학 즉 생명공학의 발전으로 유전자 및 세포, 마음상담, 100세 건강, 인공지능, 인간복제, 인공장기 등 인간이 인간을 디자인하고 기획하는 바이오 생명공학분야가 엄청난 발전을 하게 될 것이다. 국내 바이오 셀트리온 기업만 봐도 알 수 있다.

지금 인공지능(AI)을 이용한 바이오산업이 빠르게 발전하고 있으며 특히 코로나19 신약 백신 개발을 앞당겨주었다.

인공지능(AI)을 기반으로 한 제4차 산업혁명 시대가 도래하면서 헬스케어 세부 분야에서 가시적인 성과를 거두고 있다. 유망한 산업 분야로 인정받아 많은 기업들의 투자가 줄을 잇고 있다.

한 사례로 줄기세포를 배양하여 일간의 몸에 이식해도 전혀 거부 반응이 없다는 뉴스를 쉽게 접한다. 실로 인간의 복제기술은 엄청난 발전을 이루고 있다. 맞춤형 헬스케어 사례로 고려대 병원은 의료 챗봇(KODOC) 상담으로 성인병 환자 대상인 고혈압, 당뇨, 건강검진 등 상담관리를 진행하고 있다.

개인 맞춤 의학 시장

포스트 코로나19(post corona19)로 인류는 급격하게 트랜스휴먼 (transhuman)으로 바뀌었다. 즉 신인류로 불리는 포스트 휴먼이 도래했다. 신인류 시대는 장수하고 늙지 않는, 원하는 몸과 마음의 상태를 얻을 수 있는 시대다. SF 공상과학 소설을 읽거나 영화를 보는 것처럼 완전히 새로운 세상이다. 특히 포스트 코로나19 이후 디지털 전환이 급격하게 가속도가 붙어 생각하는 것보다 빨리 정착했다.

인공지능(AI)을 이용한 신약 개발과 생명공학이 혁신적으로 이루어지고 있고, 빅데이터들은 신약개발에 필요한 중요한 소스로 활용되고 있다. 전 세계적으로 코로나19 위기 대응을 위해 AI와 빅데이터가 적극 활용되면서 백신 개발과 바이오융합의 가치가 더 주목받고 있다. 또 팬데믹을 극복하기 위한 수단으로 AI와 빅데이터의 활용이 증가하고 있다. 실로 많은 시간과 돈이 들어가는 여러 비용들이 현저하게 줄어들었다. 속속 국내 제약기업들도 AI와 빅테이터 기반 신약개발에 박차를 가하고 있다.

전반적으로 전 세계의 기대수명이 빠르게 증가하고 있으며 2050년에는 기대수명이 90-100세에 이를 것으로 전망한다. 그렇다 보니 전 세계 생명공학 연구비와 치료제 및 제품은 매년 증가하고 있다. 특히 AI는 진단, 치료계획, 환자 모니터링 및 약품 발견에 혁명을 일으킬 잠재력을 가지고 있다. 의료 사물인터넷(IoMT) 연결기기 개발에 관한 새로운 비즈니스 모델도 증가하고 있다.

인류는 유전자 분석기술이 크게 발달함에 따라 환자 개인의 특성에 맞춰 개개인의 질병을 진단하고 치료하는 '개인 맞춤 의학(Individualized Medicine)'이 크게 발전하고 있다. 글로벌 맞춤 의학 시장은 헬스케어 애널리틱스(Healthcare analytics), 인공지능, 블록체인, 빅데이터 등의 발전에 힘입어 개개인의 맞춤형 헬스케어가 계속하여 성장할 것으로 예측한다.

헬스케어 애널리틱스는 헬스케어·보험·금융 관련 데이터 분석 모델을 개발한다. 인공지능 기술과 융합돼 라이프 스타일 등 새롭게 생겨나는 다양한 데이터를 분석해 개인맞춤치료나 새로운 치료법 개발 등에 활용한다.

바뀐 직업 트렌드 읽기

인위적인 인간도 생명체가 있으면 사람이다.

바이오 생명공학은 인간복제가 가능해졌다. 이미 동물 복제는 이루어지고 있다. 특히 정자를 기증받아 임신하지 않아도 한쪽 여성의 난자와 세포로 아이를 출산할 수 있는 불임부부 문제해결은 물론이고 나 홀로 출산이 시행되고 있다. 또한 유전자 연구로 최상급 유전자만을 선택으로 우수한 자녀를 만들어내고 있다. 물론 사회적으로 문제가 되고 있지만, 앞으로 부(富)의 상징이 돈이 아니라 우수한 유전자 확보가 될 것이다. 미래는 우수한 유전자를 누가 더 많이 가지고 있느냐에 따라 부의 트렌드가 될 전망이다. 즉 AI와 바이오가 융합한 기술 말이다.

중세 사람들은 썩은 고기에서 구더기가 끓는 것을 보고 생명은 스스로 태어난다고 생각했다. 그런데 1668년 이탈리아의 의사이며 생물학자인 프란체스코 레디(Francesco Redi 1626~1697)는 실험을 통해 썩은 고기를 헝겊으로 싸고 파리가 접근하지 못하도록 하였다. 실험결과 구더기는 외부에서 온 파리가 썩은 고기 위에 알을 낳음으로써 발생한 것으로 밝혀졌다. 그러나 자연 발생설 그 자체는 부정하지 않았다. 프란체스코 레다는 현대 '기생충의 아버지'로 불린다.

그러나 이후에 현미경이 등장하면서 미생물은 자연 발생한다는 것을 알게 되었다. 1861년 프랑스의 미생물학자 루이 파스퇴르(Louis Pasteur, 1822-1895)는 살균한 플라스크에 영양액을 넣고 생물이 발생하는지 실험했다. 그 결과 플라스크 안에는 어떤 미생물도 자라지 않았다. 파스퇴르의 실험으로 자연발생설은 잘못된 것임을 밝혀냈다. 또다시 러시아의 생화학자 알렉산드로 이바노비치 오파린은 자연발생적으로 생명체가 탄생했다고 주장했다.

힌두교의 신을 보면 놀랍게도 팔이 네 개고 머리도 네 개를 가지고 있다. 한 연구 자료를 보니 머리 뒤에 눈을 연결해서 볼 수 있는 인체 연구도 진행 중이라고 한다.

유전자(DNA)는 세포의 핵 속에 존재하는 염색체(chro- mosome)에 놓여 있다. 인간은 현재 46개 염색체를 가지고 있다. 참고로 개 78개, 닭 78개, 소 60개, 말 64개, 코끼리, 56개, 양 54개, 고양이 38개, 집쥐나 마우스 40개, 토끼는 44개이다.

흔히 인간의 유전 정보를 해석하는 일을 인간 게놈(Human

Genome) 분석이라고 한다. 염색체는 실 같이 생긴 물질이 촘촘하게 뭉친 실타래와 같다. 이 실 같이 생긴 물질이 바로 DNA이다. 그런데 미래에는 더 많은 염색체를 가진 다양한 능력의 X-man이 등장하게 될 것이다.

나노 의학

나노 의학은 나노기술을 의학적으로 응용한 학문이라고 할 수 있다. 이는 체내, 체외의 생물 의학 연구, 응용에 매우 유용하다. 나노봇의 내부에는 병원균을 찾아서 파괴하도록 프로그램되어있는 나노컴퓨터가 들어 있으며, 목표물의 모양을 감지하고 식별하는 나노센서가 부착되어 있다. 혈류 속에서 움직이는 나노봇은 나노센서로부터 정보를 받아 나노컴퓨터에 저장된 병원균의 자료와 비교한 다음에 병원균으로 판단되면 바로 약물을 방출해서 격멸한다. 뿐만 아니라, 뇌 안에 들어가는 나노봇은 뇌의 수많은 신경세포와 정보를 교환하며 신경계와 상호작용하면서 인간의 지능을 크게 향상시킬 수 있다.

인공지능(AI)을 통한 의약품 연구개발

포스트 코로나 시대, 모든 미래 보고서는 IT 기술의 발전이 미래 사회를 바꿀 혁신적인 기술로 주목하고 있다. 블록체인, 인공지능, 로봇, 유전자편집, 자율주행차, 우주여행, 바이오, 생명공학 등 현실과 조우하며 발전하고 있다.

인공지능(AI)은 신약 개발 시 나타나는 연구단계의 단축과 기술적인 혁신을 가능하게 하고 있다. 일반적으로 신약 개발 시 가장 큰 문제는 신규 신약의 대상 선정과 초기 임상실험의 위험이 높게 나타나는 것이다. 많은 신약 개발 기업과 연구기관이 초기 물질특허만 획득하고 신약기술을 GSK, Sanofi, Pfizer 등 글로벌 제약사에 기술과 특허권을 매각하는 것이 그 이유이다. 그런데 인공지능 기술을 이용하면 가상화된 인공지능이 임상 1상, 2상, 3상의 구도를 체계적인 형태로 프로그램화 할 수 있으므로 임상 시간과 비용, 실패위험을 감소시킬 수 있다. BioXel 사는 기존의 출시된 약품, 사전 평가된 약품 군을 빅데이터를 통한 AI로 검색하여 질환에 대한 약품의 임상개발 시간을 절감하고 있다. 또한 Insillic 메디슨은 제약회사뿐만 아니라 병원, 의과대학, 화학연구소, 공공연구 기관과 제휴하여 AI를 이용하여 신약 개발 시 필요한 약품의 기능과 분자구조, 생명공학적 연구를 수행하고 있다.

AI가 인간의 모든 영역에 개입을 하고, 유전자 편집으로 인간 수명이 증가하고, 우주여행이 가능해졌다. 그저 상상 속의 이야기, 꿈꾸던 일들이 현실로 가능해졌다. 거기에 코로나19는 우리가 살고 있는 삶의 체제를 뿌리 체 흔들고 있다. 자연환경, 산업과 일자리, 국가와 정치, 금융과 부동산, 교육, 삶의 방식과 태도까지 모든 면에서 변화를 요구하고 있다. 그것도 급격한 변화를 말이다.

앞으로 사무실은 전체 회의나 시설, 장비, 중요 자재를 보관하고 운영하는 공간이 되어가고, 업무의 대부분은 개인의 공간인 재택근무나 원격형태로 이루어지게 될 것이다. 이는 교육 분야에서도 마찬가지다. 이로 인해 언택트 산업과 자동화는 더욱 강화될 것이다.

코로나19가 산업 분야의 디지털 전환을 더욱 가속화시켰다. 그래서 소매자동화 시장은 계속적으로 늘어나고 있다. 거의 일상적인 작업은 디지털과 온라인으로 수행되어지고 있다. 심지어는 피카소나 고흐처럼 그림을 그리는 로봇이 더 일반화되며 시를 쓰는 로봇도 곧 등장할 전망이다. 심지어 인간의 영혼 상담 영역까지도 로봇이 맡게 될 것으로 전망된다.

성인용 로봇

요즘 핫이슈로 성인용 섹스로봇 시장이 뜨거워지고 있다. 물론 사회적인 문제와 함께 윤리적으로 논란이 되고 있다. 그러나 섹스로봇 시장은 비대면 언택트 시대가 나타나면서 점점 더 발전하고 있다. 기계가 인간의 고유한 본능적 욕망을 충족시켜주는 부분까지도 침범하고 있는 것이다. 영화 〈AI〉에서도 섹스로봇 지골로가 등장한다.

이처럼 로봇 시장을 보면 섹스로봇이 일부 상용화 되고 있는 추세다. 중요한 생산과 소비국인 미국과 중국은 생산량을 매년 증가시키고 있으며, 중국 공장에서는 연 1만기 이상의 성인용 로봇을 생산하고 있다고 한다.

남성 섹스로봇 헨리와 여성 섹스로봇 하모니가 등장했다.

성인용 로봇의 생산 증가는 단순한 개인적인 성인용품의 생산뿐만 아니라 사회적, 경제적, 문화적인 새로운 문제를 야기할 수 있다. 미혼 독신 인구의 증가와 출산율 감소, 그리고 그에 따른 인구 감소와 생산노동력 감소, 사회와 국가경제 총량의 감소가 나타날 수 있다. 미래학자들은 인간과 로봇과의 결혼이 곧 허용될 것으로 전망하고 있다.

그러나 성인용 로봇이 개인적인 시간을 대체할 수는 있어도 인간 대 인간의 교류를 위한 공감대 형성, 신뢰감, 안정감 등 심리적 요인을 대신할 수 있을지는 아직 미지수다.

바이오백

바이오백(Biobag)은 여러 가지 의미로 사용된다.

가장 일반적인 의미의 바이오백은 메디컬백으로 불리는 응급의료용 키트백이다. 소방대원, 응급구조사, 의료진이 휴대하는 것으로 간단한 외과용 수술 노∱, 수술용 나이프와 소독액, 기관절개용 튜브와 카데타, 붕대, 거즈, 국소 마취제, 주사기 등이 들어 있다. 그리고 바이오백은 천재지변이나 항공사고, 해난사고 시 비상용품, 구난용품을 모아둔 개인용 가방을 의미하기도 한다. 흔히 생명가방, 라이프백(Biobag)으로 통칭 되는데 일반적으로 3-4일분의 물과 비상식량, 대부분 칼로리가 높아 생존활동에 필수적인 고열량 식품, 초콜릿, 에너지바 등과 비상용 랜턴, 비상용 신호기 또는 조명탄 등으로 채워져 있다. 또 다른 바이오백은 생화학제인 견(dog)백신으로 개의 간염, 인플루엔자, 전염성 감염병을 예방하는 DHPPL백신 제제이다. 그런데 기존 세 가지 형태의 바이오백(Biobag)외로 새로운 형태의 바이오백이 곧 출현할 것으로 보인다.

미국의 한 메디컬 연구소는 '바이오백(Biobag)'이라는 인공 자궁(Artificial Womb)을 개발하고 있으며, 이 인공 자궁은 임신이 어려운 여성, 선천성 자궁질환 및 기형으로 출산이 어려운 경우, 임신 없이 아이를 갖기를 원하는 여성과 부부에 도움이 될 것으로 보인다. 이미 인공 자궁의 실험용 동물실험이 성공하였으며, 상용화를 위한 인체적응과 임상실험의 단계에 도달했다고 한다. 인공 자궁은 단순히 불임여성의 출산지원 뿐만 아니라 결혼제도와 사회적인 측면에서도 혁신적인 파장을 불러올 것으로 예상된다.

인공지능(AI)을 통한 원격물류

코로나19가 계속되면서 전 세계의 모든 국가들의 이동량과 물류의 흐름에 큰 변화가 나타났다. 사람들은 출근과 등교를 멈추는 대신, 가정에서 택배와 배달서비스를 이용하는 경향이 증가하고 있다. AI와 로봇은 빅데이터를 통하여 목표 배송지역을 확정하고 인공지능기술을 통한 최적의 물류 경로를 계산하게 된다. 이러한 언택트 물류 기술은 자율주행자동차와 드론, 로봇기술에도 영향을 주게 된다. 지상의 장거리 배송은 자율주행차를 통한 배송, 근거리는 원격조정 로봇을 통한 픽업이 이미 나타나고 있다. 그리고 드론을 통한 항공, 해상 물류에 대한 활동도 보편화 될 것이고 크게 성장할 것으로 전망된다.

아마존(Amazon)의 배달 로봇 스카우트는 이미 자율주행기술에 사용되는 라이더, 레이더, 감응 카메라를 장착하여 근거리 배송 물류에 사용되고 있다.

2부

코로나19 이후
지금 치고나갈 절호의 기회

1

위드(with) 코로나

132,084,581이라는 숫자는 2021년 4월 5일
전 세계 코로나19 누적 확진자수다.
참으로 브레이크 페달 없는 팬데믹 위기 시대이다.
그래서 마스크 없이는 활동할 수 없다.

수주대토(守株待兎) 이야기

어느덧 사회과학과 동서양 철학사상을 학습한 지 25년이 넘었
다. 그 중 좋아하는 혁신가가 바로 법가(法家)사상을 집대성한 한비
자(韓非子)이다. 그의 수주대토(守株待兎) 이야기는 한마디로 시대에
맞는 새로운 변화로 갈아타야 생존할 수 있다는 의미이다. 중국 고
사성어에 보면 송나라 사람 중에 농사를 짓는 사람이 어느 날 그루
터기가 많은 밭을 갈고 있었다. 그런데 갑자기 토끼 한 마리가 뛰
어오다가 밭 가운데 있는 그루터기에 부딪혀 그만 목이 부러져 죽

었다. 농부는 그 이후부터 매일같이 그루터기 옆에 앉아 일을 하지 않고 토끼가 뛰어와 부딪히기만을 기다렸다. 그러나 토끼는 나타나지 않았고 그 사이에 밭은 황폐해져서 잡초로 우거지게 되었다.

법치주의를 주장한 한비자는 우화 '수주대토(守株待兔)'를 들어 세상은 빠르게 변화하고 있는데 언제까지나 낡은 습관에 묶여 변화하지 않는다면 도태되고 말 것이라고 말한다. 생존을 위협받을 수도 있고, 분명 낡은 사고방식과 행동들을 고수한다면 새로운 세상에서 살아남을 수 없을 정도로 뒤처질 수밖에 없다.

우연으로 인한 행운은 한 번에 불과하지만 변화의 노력과 성실로 얻는 기회와 행운은 계속 찾아온다.

브레이크 없는 팬데믹 사회

신종코로나19 바이러스 발병 1년이 넘었다. 참으로 브레이크 페달 없는 팬데믹 위기 시대이다. 그렇다 보니 사람들은 말 섞기를 싫어하고 어떤 상황이든 사람들과 마주치기를 꺼린다. 이제 대면을 피곤해한다. 아니 여럿이 모이는 것을 거부한다.

우리는 이제 코로나19 이후 변화된 라이프스타일 위에 살아야 한다. 특히 소비 트렌드가 급속한 변화를 맞이하고 있다. 비즈니스의 중요한 성공 요인도 소비자 행동의 변화를 예측하고 이와 관련된 전략을 재수립해야 한다. 미래 시장 선점을 위한 빠른 행보를 가져야 성장할 수 있다. 비접촉식 결제는 계속하여 급증하게 될 것이다. 많은 소비자들은 사람이 많이 모이는 곳을 최대한 피하고 우선 건강과 웰니스(wellness)를 유지하게 될 것이다.

이처럼 언택트 소비는 편리함과 비대면을 선호하는 변화된 소비 심리이다. 이와 함께 집에서 지내는 시간이 늘어나면서 홈코노미(Home Economy)라는 신개념 라이프스타일이 생겼다. 집콕 생활이 놀이문화로서 홈쿡, 홈캠핑, 홈트레이닝, 홈카페, 홈학습 등 집콕 경제는 계속하여 늘어나고 있다. 한마디로 '코로나 블루'로 나만의 작은 행복을 추구하는 가심비 소비가 새로운 소비 흐름이 되었다. 그러므로 개인과 조직의 지속적 성장을 위해서는 코로나19 이후 소비 트렌드 변화를 정확히 읽고 비즈니스 전략을 수립하고 디지털 전환과 언택트 환경으로 새로운 도전을 기대해야 한다.

코로나 팬데믹

팬데믹(Pandemic 세계적 대유행)이란 세계 여러 나라에서 동시에 사람들에게 감염되는 전염병을 뜻한다. 신종 코로나바이러스 감염증(코로나19)이 팬데믹 상태를 일컫는 용어다.

코로나19 이후 새로운 단어들을 보면 포스트 코로나, 팬데믹, 뉴노멀, 언택트, 온택트, 집콕 경제 등이 있다.

현대의학의 아버지로 불리는 캐나다 의사 윌리엄 오슬러(Sir William Osler)는 "인류에게는 질병(전염병)과 기아와 전쟁, 세 가지의 적이 있다. 이 중 가장 혹독하고 악랄한 것은 질병(전염병)"이라고 하였다. 전염병 대창궐의 역사로 중세 페스트와 천연두, 20세기 초 스페인 독감과 인플루엔자를 들 수 있다. 흑사병(Black Plague)은 쥐에 기생하는 벼룩에 의해 페스트균이 옮겨져 발생하는 고병원성 전염 질환이다. 14세기 중세 유럽 인구 1/3에 달하는 약 2억 명이 사망하였고, 흑사병으로 인해 줄어든 세계 인구는 17세기가 되어서야 이전 수준까지 회복될 수 있었다(위키백과, 2021). 흑사병의 유래는 정확히 알 수 없으나 몽골제국의 유럽 침공 시기에 공성 공격 시 투석기와 발리스타에 페스트로 죽은 군인, 소와 양의 사체를 함께 쏘아 성벽 안으로 투사하는 형태의 생물학 무기로 사용되었다고 한다. 따라서 흑사병은 몽골의 침입과 실크로드의 경로상에 있는 나라들 중심으로 시작되어 전 유럽으로 확산되었다.

과거 프랑스 황제 나폴레옹이 1812년 6월 24일 러시아를 침공할 때 60만 대군을 이끌고 공격했다. 이때 예상치 못한 발진티푸스 발병(풍토병, 감옥열병)과 혹한에 수많은 병력을 잃고 퇴각한다. 결국 2/3가 죽게 되었다고 한다.

천연두(smallpox)는 두창, 마마로 불리며, 중세의 페스트와 함께 공포의 전염병이었다. 이집트의 파라오 미이라에도 천연두의 감염 흔적이 있는 것처럼 인류 역사상 오래전부터 존재했을 것으로 추정되며, 특히 18세 이하 소아의 유병률과 사망률이 높아서 소아 사망률은 80%에 이르기도 했다.

천연두는 20세기에만 5억 명의 사망자를 발생시켰으나 천연두 백신이 나온 이후 감소하여 세계보건기구(WHO)는 1979년 천연두 박멸을 최종 선언하였다.

스페인 독감(Spanish flu)은 1차 세계대전 당시 군 병원에서 식량 용도로 사육한 돼지와 가금류의 조류 인플루엔자 바이러스의 변종에서 출현한 것으로 추정되고 있다. 제1차 세계대전 사망자가 1500만 명 정도였는데 비해, 스페인 독감은 유럽과 아시아, 미국 등 전 세계에 1, 2, 3차 대유형을 통해서 1700만~5000만 명의 사망자를 발생시켰다.

우리나라도 1918년 스페인 독감으로 인구의 1/3 정도가 감염되었고 당시 14만 명이 사망했다.

신종 코로나19가 세상을 팬데믹 언택트(untact비대면) 환경으로 바꿔놓았다. 팬데믹은 '모든 사람'을 의미하는 '판데모스(pandemos)'에서 따온 말이다. 그리스어 "Pan"이라는 "All"의 뜻과 "Demos"의 "People"이라는 단어에서 유래되었다. 즉 전염병이나 감염병이 범지구적으로 유행하는 것을 의미한다. 신종 코로나19와 같은 질병의 감염증세가 한 지역에 국한되지 않고 세계 전체에 동시 다발적으로 폭넓게 유행되는 상황이다.

항상 위기가 오기 전 신호를 주고 그다음 위기가 온다. 세계 전염병 역사가 그랬듯 신호를 읽지 못해 당했다면 다음 위기의 신호를 읽고 응전(應戰)의 태세를 갖춰야 한다.

그만큼 신종코로나19 상황이 전 세계적으로 심각한 상황을 맞이했다. 이 상황은 단기전에서 끝나지 않고 장기적으로 평생 짊어지고 가야 할 대유행이다. 심지어 세계보건기구(WHO)는 신종코로나

바이러스(COVID-19) 팬데믹(세계적 대유행)을 선언할 정도다.

문제는 앞으로 직장문화와 개인 라이프스타일의 대변혁을 준비하고 순응하여 살아야 한다. 그러므로 기존의 운영형태나 처리 습관, 낡은 직무 태도 등을 확 바꾸지 않으면 사회적으로 고립될 수 있다. 그러므로 서둘러 변화의 강력한 드라이브를 걸어야 한다. 개인과 조직이 변화를 추구하지 않으면 도태될 수 있기 때문이다. 특히 디지털 변화에 둔했던 분야는 신속하게 현장을 스마트 근무, 기술, 창의적 혁신, 트렌드에 따른 운영과 공급망 변화 등으로 바꿔야 한다. 코로나19 팬데믹이 가속화되고 있기에 비즈니스 디지털화를 진행해야만 한다. 이 변화에 따라가지 못하면 곧바로 도태될 수밖에 없다.

철저한 언택트 소비 사회

'언택트'라는 말은 '접촉'을 뜻하는 'contact'에 부정사 'un'를 붙여서 우리말로는 비대면 또는 비접촉이라 할 수 있다. 사람과의 접촉을 꺼리는 문화와 편의성을 의미한다. 사람과의 만남 대신 IT기술을 통해 소비를 하는 언택트 기술이다. 그렇다 보니 언택트 소비가 급격하게 늘어나고 있다. 반면 온택트(Ontact)는 온라인을 통해 비대면 활동을 하는 것이다.

요즘 사람들은 상점이나 음식점 등에서 말을 걸어오는 것을 싫어한다. 전화통화도 기피 하고 SNS 소통을 원한다. 그래서 스마트폰 혹은 키오스크를 통해 주문부터 결제까지 할 수 있는 무인 시스템이 보편화 되었다.

이러한 상황에서 가장 위축되어 손실을 볼 개인과 조직은 응전 태세를 갖추지 않았을 경우다. 속히 디지털 전환과 언택트로 만전을 기울여 슬기롭게 준비해야 한다.

경제든 건강이든 코로나19 이후 2년을 잘 견뎌야 한다. 코로나19 이전도 우리나라 경제성장은 힘든 상황이었다. 그런데 코로나19 이후는 아주 빠르게 마이너스 저성장 국면에 진입하게 된다. 금리는 제로에 가깝다. GDP(Gross domestic product)는 국내총생산을 뜻한다. 국내 모든 물가지수 역시 안 좋은 상황이다. 수출경쟁력도 마이너스 성장률을 기록했다.

그런데 더 심각한 것은 경제 상황 악화는 일시적 사건이 아니라는 것이다. 단기간 회복 가능성은 낮고 경제 성장률이 계속하여 붕괴하고 있다. 세계 경제와 더불어 한국 경제도 계속하여 추락하고 있다. 심지어 가계 부채는 건국 이래 최고치를 갱신했다. 그 결과 모든 분야가 전례 없는 변화를 겪게 되었다.

그러니 철저한 언택트 경제를 슬기롭게 준비하라. 협업을 이루고 업무 효율과 비용 절감 전략을 짜고 온라인 비즈니스로 손실을 최소화해야 한다. 또 다양한 언택트 기술과 디지털 전환으로 먼저 치고 나갈 수 있어야 한다.

코로나19 이후, 우리나라 경제와 금융이 흔들릴 때 주변 국가들이 덤벼들어 우리의 일거리와 경제 영역을 가져가고 있다. 그러므로 적극적으로 미래 산업을 준비하고 디지털 경제를 갖춰야 한다. 코로나19 이후 허약해져 먹잇감이 되어서는 안 된다.

탈미중화 경제

코로나19 이후 수출로 먹고사는 한국 경제는 심각할 정도로 치명적이다. 여기에 미중 무역 전쟁이 재발하면 환율이 올라가며 수입 물가도 올라간다. 결국 고통은 가중되고 영업이익은 감소한다. 아마도 미국은 중국에 무역 합의 이행을 집요하게 요구할 수도 있다. 그런데 미중 무역 전쟁에서 가장 큰 피해국이 바로 한국이다. 이러한 상황을 알고 미래를 다 같이 준비해야 한다.

여러 나라와 기업들이 탈미중화를 가속화 하고 있다. 코로나19 이후는 중국으로부터의 벗어나려는 움직임이 더 심화 될 것이다. 그러므로 코로나19 이후 베트남과 동남아 국가 기업들조차 추격해 올 것이고, 미중의 견제는 더 심해질 것이므로 한국은 서둘러 안정적 자산을 확보하지 않으면 기업들은 가혹한 고통을 겪을 수도 있다. 그래서 코로나19 이후, 낙관론은 절대 금물이다. 지금부터라도 철저히 분석하여 미래를 대비하지 않으면 상점은 문을 닫고 기업들은 파산하게 될 수도 있다. 분명 팬데믹 위기 중에 경쟁력을 갖추지 못하면 경제 시장에서 퇴출될 수도 있다.

앞으로 제4차 산업혁명은 가속화되면서 신기술을 활용한 언택트 노동 환경이 크게 확대될 것이다. 온라인 업무와 재택근무 역시 효과적으로 활용된다. 여러 시행착오는 있겠지만 기업은 인력 관리 간략화와 사무실 비용 절감 등을 이유로 언택트 경제를 더욱 확대할 것이다. 그리고 국가들은 자국에서 생산과 고용 창출을 위해서 리쇼어링(re-shoring) 정책을 더욱 펼칠 것이다. 참고로 리쇼어링(re-shoring)은 해외에 진출한 국내 제조 기업을 다시 국내로 돌아오도록 하는 정책이다. 저렴한 인건비를 이유로 해외로 공장을 옮기는 오프쇼어링(off-shoring)과는 반대되는 말이다.

코로나19 이후 새로운 직업

코로나19 이후 새로운 직업으로 부상되는 '웰니스(wellness)' 코치는 개인의 종합적인 건강을 유지할 수 있도록 고객의 체중, 식습관, 스트레스 등을 관리하고 건강 목표를 달성할 수 있게 지원하는 직업이다.

'웰니스(wellness)'는 웰빙(well-being)과 행복(happiness) 그리고 건강(fitness)의 합성어로 신체와 정신은 물론 사회적으로 조화를 이루는 이상적인 건강한 상태를 의미한다.

이 웰니스는 세계보건기구(WHO)가 국제적으로 제시한 '건강'에 대한 정의를 보다 심화시켜 광범위한 관점에서 접근한 새로운 건강관을 의미한다. 1961년 미국 의학자 헐버트 던 박사의 제창으로 '웰니스'라는 개념이 만들어졌다.

코로나19 이후 세계적으로 가장 중요한 직업으로 부상되었다.

2

돈이 되는
1위 직업진로

찾아냈다, 직업 생존법

코로나19 이후 팬데믹 시대에 안 힘든 사람이 없을 정도로 모두 힘든 시간을 보내고 있다. 그런데 이에 굴복하지 않고 포기하지 않는 여러분을 보니 자랑스럽다. 분명 꿈과 희망을 가지고 노력하면 위기를 극복할 수 있을 것이다. 아무리 어려운 팬데믹 세상일지라도 가능성을 가지고 열심히 부단히 노력하고 찾으면 딱 맞는 직업을 찾을 수 있다.

이 말을 선물하고 싶었다. "비록 내일 지구의 종말이 온다 하더라도 나는 오늘 한 그루의 사과나무를 심겠다." 이는 네덜란드 철학자 스피노자의 말이다. 독일에서는 루터의 말이라고 한다. 아무튼 지구에 팬데믹으로 종말이 올지라도 우리는 결코 이에 굴복하지 않을 것이다. 확고한 목표와 불굴의 의지를 꺾을 수 없다. 코로나19보다 센 강인한 의지가 있기 때문이다.

코로나19 이후, 벌어지는 상황을 순순히 받아들이되 내가 할 일은 하겠다는 집념이 필요하다. 신에 취한 사람 스피노자(네덜란드 유대인계, 1632~1677)는 "인간의 마음은 신의 무한한 지성의 일부다" 라고 말했다. 이렇듯 인간의 정신은 신의 무한한 지성의 일부로서 인간에게 각각 무한한 역량을 주었다.

인간은 항상 돈을 생각하고 돈과 아주 밀접하게 관계하며 살아간다. 그런데 왠지 돈을 말하면 껄끄럽게 생각한다. 조금은 지성인답지 못하게 보기도 한다. 그렇다 보니 돈과 경제에 대해 너무 모른다. 그래서 스피노자도 '돈은 인생의 축소판'이라고 말했다.

대답해 보라. "앞으로 5년 후 돈이 되는 1위 직업은 무엇이 될까?" 내 예측으로 보면 창의적 감성 분야가 누리게 될 것이다. 즉 창의적 상상력이 돈이 되는 세상 말이다.

BC와 AC로 나눈 세상

인류는 유래 없는 경험해보지 못한 큰 위기를 맞았고 그 코로나 19와 함께 살아갈 세상에 놓여있다. 코로나19 이후 우리의 자세는 위기를 기회로 바꾸는 성장 마인드셋(growth mindset 주도적인 변화의 마음가짐)을 핵심으로 구축해야 한다.

여전히 코로나19 이후도 첨단 정보통신기술(ICT)이 바꿔놓은 스마트한 사람들이 미래 사회의 창의적 주류가 될 것이다. 우리들도 언택트 사회에서 새로운 기술과 혁신적 사고를 통해 디지털 전환을 해야 한다.

여기저기에서 언택트 생존법에 대해 말하는데, 진정 코로나19 이후 우리의 생존 자세는 일자리를 찾기 위해서 또는 새로운 정책이 주어질 것을 기대하기 보다는 내가 먼저 치고 나아가 만들고 개척해 새로운 환경에 적응해야 한다. 나는 이를 '인문학의 기술'이라고 말한다. 그러려면 평생 자발적으로 배우려는 욕구가 있어야 한다.

코로나19 이후 많은 패턴과 생활방식이 바뀌었다. 먼저 마스크를 착용하고 거리 두기를 하며 일상생활을 한다. 이는 코로나19 팬데믹 이후 '언택트 경제(untact economy)', '터치리스(touchless) 경제',

'거리(distance) 경제', '홈코노미(Home+Economy)'라는 생소한 사회로 도래했기 때문이다. 특히 BC.코로나 이전(Before Corona)과 AC.코로나 이후(After Corona)의 세상으로 나뉘어졌다. 그 기준은 곧바로 성장을 구분 짓는다.

우리의 일상적인 삶을 포함해 사회·경제·문화적으로 많은 변화가 있었지만 앞으로 더욱 더 센 변화가 예상된다. 분명한 것은 AC.코로나19 이후 언택트 산업이 더욱 활성화되고 일하는 방식도 바뀌고 유연한 근무가 더 확대될 것이다. 직장에선 필수 인력만을 중심으로 순환 근무제도가 더 넓게 도입될 것이다.

글쓰기 지수(RQ) 키우기

언택트 시대에 살고 있는 우리들은 아래의 질문에 나름 답을 해보라. 누군가는 위기를 바꾸어 성장의 기회로 삼는다. 자신의 상황을 말해보라.

당신은 글쓰기 연습을 꾸준히 하고 있는가?
매일 조금씩이라도 책을 읽고 있는가?

나만의 창의적 사색의 시간을 갖고 있는가?

노벨평화상을 수상한 남아프리카 공화국 최초의 흑인 대통령이
자 인권운동가인 넬슨 만델라(1918~2013)는 "세상에서 가장 어려운
일은 세상을 바꾸는 것이 아니라 당신 자신을 바꾸는 것"이라고 말
했다.

초연결 초테크 사회 속에서 휴먼 네트워크를 폭넓게 구축하고
자신을 업글하고 디지털화를 통해 삶의 가치를 높이고자 한다면
필히 책 읽기와 글쓰기를 꾸준히 생활화해야 한다. 거기에 사색의
시간도 필요하다. 또 바뀐 새로운 환경에 적응하고 언택트 시대를
잘 준비하고자 한다면 스토리텔러처럼 말하고 쓸 수 있어야 한다.
특히 감성적 지성(Emotional Intelligence)을 꾸준히 습득해야 한다. 그
러려면 글쓰기 지수RQ(wRiting Quotient)의 역량을 키워야 한다. 사
람들은 누구나 손쉽게 자신의 생각과 철학과 지식과 감성을 표현
하는 수단으로 글쓰기(RQ)를 활용한다.

우리가 서슴없이 자신의 생각과 강점, 느낌 등을 쓰고 말할 수
있는 역량을 키우는 것이 중요하다. 분명 코로나19 이후 지식의 습
득이 더욱 중요해졌다. 지식과 감성지수(EQ)가 높은 사람이 돈이
되는 직업을 얻게 된다.

그렇다면 당신은 감성지수를 어떻게 키우고 유지하고 있는가?

언택트 시대에 당신의 성장과 생존 방법은 무엇인가?

분명한 것은 언택트 세상은 말이 아닌 무언(無言)으로 영향력을 줄 수 있는 인플루언서(Influencer)가 이끌어가게 될 것이다. 그 인플루언서가 꾸준한 훈련과 참신한 생각으로 무장한 당신이었으면 좋겠다.

돈이 되는 일상의 생존법

- 일상의 글쓰기 생활

- 사이버 수업 듣기

- 행복한 인문학(철학) 나눔

- 다양한 자격증 취득

- 매일 건강 걷기(운동)

- 언택트 비즈니스 리더십 개발

관계를 통한 성장

악수란 사회활동에서 중요한 매너이며 친밀함을 더하는 상호 상대를 인정하는 인사법이다. 그래서 악수는 인간이 나누는 여러 가지 인사 중 가장 보편화된 인사법이다. 사람을 만났을 때 서로 반가움과 고마움의 가장 중요한 인사행위이다.

코로나19 이후 사람들은 악수를 어떻게 할까?

사랑하는 사람들의 키스는 어떨까?

인간은 누구나 강한 항체를 내재하고 있기에 사람들과 반가움의 악수는 아무런 문제가 되지 않는다. 그러므로 당연 코로나19 종식 후에도 더 많이 악수 행위를 해야 한다. 여전히 악수나 목례, 주먹 인사, 팔꿈치 인사로 안부를 묻고 반가움을 나눈다. 바뀐 코로나19 이후 사회에서도 자기가치를 높이는 악수 콘택트(Handshake contact)는 나눌 수 있어야 한다.

고대 그리스 철학자 아리스토텔레스가 쓴 〈정치학〉에 보면 '인간은 사회적 동물(social animal)'이라 했다. 즉 인간은 끊임없이 타인과 관계하며 살아가는 존재라는 것을 강조한 것이다. 그러므로 인간은 사회적 관계없이는 존재할 수 없다. 아리스토텔레스의 목적론적 세계관을 보면 인간은 행복을 추구하는 존재다. 그 인간이 행복해지기 위해서는 사회(국가)라는 공동체 안에서 타인들과 잘 어우러질 때 참 행복을 누릴 수 있다는 것이다. 분명 사회라는 관계를 통하지 않고는 절대 행복해질 수 없다. 따라서 신종 코로나19 이후에도 '인간은 사회적 동물이다'라는 명제는 절대 흔들릴 수 없다.

그렇다면 서둘러 코로나19 팬데믹 이후 사회를 날카롭게 대비해야 한다. 언택트 사회 속 생활방식과 자기관리, 그리고 일의 패턴이 코로나19 이후 급격하게 변화되었기 때문이다. 그 바뀐 환경에 적응하기 위해 초집중해야 한다. 그래야 성장을 위한 터닝포인트가 가능하다.

다시 꿋꿋하게 되튀어 오르기

사람은 누구든 인생의 밑바닥에서 다시 치고 올라갈 수 있는 잠재적 힘을 가지고 있다. 설령 실패했더라도 많은 역경을 극복하고 다시 일어서 앞으로 나아갈 수 있는 능력을 가지고 있는 존재이다.

그러므로 코로나19 이후 회복탄력성(정신:resilience)이 있어야 문제를 이겨내고 곧 용수철처럼 더 높이 뛰어오르는 힘을 얻게 된다. 빠른 변신의 능력인 회복탄력성(resilience)은 심리학, 정신의학, 간호학, 교육학, 유아교육, 사회학, 커뮤니케이션학, 경제학 등 다양한 분야에서 연구되는 개념이다. 이를 극복력, 탄성, 탄력성, 회복력, 마음의 힘 등으로 번역하기도 한다. 특히 경영학에서는 외부의 스트레스를 잘 받아들이고(순응) 핵심적인 기능을 빠르게 복구하고 변화하는 환경 속에서 살아남는 전략을 세우는 것을 의미한다.

코로나19 팬데믹 같은 사회에서 회복탄력성은 더욱 중요해졌다. 그래서 회복탄력성은 실패하더라도 역경을 극복하고 다시 일어설 수 있는 능력을 말한다. 크고 작은 다양한 역경과 시련과 실패에 대한 인식을 도약의 발판으로 삼아 더 높이 뛰어 오르는 마음의 근력을 의미한다고 할 수 있다. 한마디로 역경을 극복하는 힘이다.

우리는 코로나19 이후 힘든 상황에 있지만 밑바닥까지 떨어졌지만 능히 다시 꿋꿋하게 되튀어오를 수 있다. 우리에겐 내재된 회복탄력성이 있기 때문이다.

자기만의 독립 경제로 솎아내기

흔히 숲을 가꿀 때에는 우선 많은 나무를 심는다. 그리고 시간이 지나 성장 과정에서 빛이 잘 드는 곳을 확보할 수 있도록 늘어나는 나무의 간격을 벌리기 위해 솎아낸다. 따라서 최종적으로 남은 나무는 보다 잘 자라게 되는데, 즉 솎아내야 큰 나무로 자랄 수 있는 것이다.

독립 경제인

세상 그 어디에도 안전한 길이란 없다. 안전한 길이라고 생각하는 것이 어느 날 위험한 길로 변할 수 있기에 말이다.

과거엔 먼저 이룩한 방식을 그대로 따라 했다. 이렇게 하면 성공한다는 일종의 매뉴얼을 사용해 이익을 창출했다. 이는 모방형 공식이었다. 누구나 앞으로 나아가야 할 길이 무엇이며 같은 방향으로 향하면 성공에 도달할 수가 있었다. 그러나 지금은 과거와는 달리 스스로가 무(無)에서 시작해 새로운 길을 창조해 내야 한다.

요즘처럼 창의적 사회에서는 딱히 성공모델이라는 것이 존재하지 않기 때문에 전환의 방향을 전혀 알 수가 없다. 분명한 것은 과거의 모델에 의존했다가는 파멸하기 딱 좋다. 그래서 성공 공식이 뭐 특별한 것이 없다. 서둘러 새롭게 변하지 않으면 파멸된다. 그러므로 스스로 생각하고 판단하여 전환해야만 생존이 가능할 뿐이다. 전혀 누군가가 나아갈 길을 제시해주기를 기다리지 말라. 그 사람도 앞으로 나아가기가 버겁다.

나는 성공 공식을 만들어 봤다.

어느 방향으로 나아갈 것인가? 스스로 결정해야 하는데 〈독립 경제〉로 전환해야 한다. 독립한 경제인이 되기 위해서는 옛날 방식이나 낡은 사고의 태도들을 고집해서는 안 된다. 이제 지금까지와는 전혀 다르게 변화하지 않으면 안 된다. 어떤 사람에게는 매우 어려운 요구일 수도 있다. 그래도 생존하려면 독립 경제인으로 변화해야 한다.

앞으로는 더 폭넓은 시야를 갖고 더 높이 날 수 있어야 자신을 온전히 지킬 수 있다. 예를 들어, 넓은 연못 속에 물고기들이 많이 있는데 내 쪽에는 물고기가 잘 낚이지 않는다면 기다리고 있기보다는 물고기가 많은 호수 쪽으로 이동하는 편이 훨씬 바람직한 선택이다. 즉시 물고기가 많은 호수로 옮긴다. 그러려면 좁은 범위를 벗어나 시야를 넓혀 전체를 보면서 기능을 배우고 전환해야 한다.

독립한 경제인은 해답과 방향을 얻기 위해 무작정 기다리는 것이 아니라 부단히 눈을 크게 뜨고 귀는 활짝 열어두고 주위와 공유하면서 스스로가 생각하고 판단해 움직이는 가운데 가장 좋은 해답을 도출해 낸다. 즉 인문학적 사색을 통해 매뉴얼을 자기 스스로 만들어낸다. 또한 변화하는 상황에 맞게 새롭게 바꾼다. 시간과 장소를 초월하여 열정적으로 활약한다.

실패학 배우기

새로운 전환을 위해 무엇을 해야 하는가?

급히 디지털 전환이 요구되는 시대에 구체적인 해결책으로는 타기능에 실패가 반복되고 있는 이유를 찾아내야 한다. 상황과 여건을 불문하고 잘 전환하기 위해서는 날마다 생각을 바꾸고 경험하며 배워야 한다. 더 나은 새로운 해결책을 모아두는 것이 좋다. 그리고 독립 경제인으로 생활한다. 스스로 생각하고 결단을 하며 행동한다.

앞으로의 경기문제를 낙관적으로 보는 이들은 거의 없을 것이다. 코로나19 이후, 세계 경제는 더 밑바닥을 기어갈 것이다. 이 장기적인 바닥 경제를 극복할 확실한 대책을 강구 하지 않으면 더욱 경제의 목을 옥죄게 될 것이다. 과거를 흉내 내거나 재래형의 방법으로는 성공할 수 없다. 대신 우리를 둘러싼 환경에 맞추어 과거의 방법을 버리고 전혀 새로운 독창적인 방법으로 치고 나아가야 한다. 그래서 내가 신나게 가르치는 과정 중 하나가 '실패학'이다.

어떻게 실패학이 만들어지는가?

실은 스스로가 무(無)에서 새로운 것을 만들고자 하는 적극적인 사고방식에서 비롯된다. 그러므로 '실패학'이라고 해서 자신의 실패를 가르치는 것이 아니다. 타인의 실패사례와 함께 성공사례를 모델로 하여 분석을 한다. 그 분석한 결과를 가져와 나의 목표를 이룰 수 있도록 전환하는 것이다. 그대로 모방하면 실패할 것을 알기에 자신의 문제 해결책으로 활용한다. 흔히 〈실패에서 배운다〉라고 말하지 않는가. 즉 실패사례를 통해 어떤 교훈을 삼을 것인가를 의미하는 것이다.

결국 실패에서 얻은 것을 정리하여 앞으로 나아갈 수 있도록 창의적 지식화를 만들어낸다.

새로운 공식을 만드는 사람들은 새로운 것에 도전하기 때문에 실패가 따라붙을 수 있다. 이런 의미에서 실패를 몹시 싫어하여 피할 것이 아니라 실패에서 배우면서 새로운 창의적 공식과 해결책을 만들어낸다.

성공의 과정으로 진입하기 위해 실패로부터 공식을 만들어 성공이 얻어지는 상태로 나아가는 것이다. 성공 공식이란 과거의 실패를 반복하면서 만들어진 것이기 때문이다. 하지만 실패의 연속에서 사람은 점점 자신감을 잃게 되어 종국에는 도전하고자 하는 의욕까지 없어지게 된다. 그러므로 실패 없이 성공하는 것이 더 좋은 방법이다.

부디 실패 없이 성공하기 위해서는 자기 스스로 정해진 단순노동에서 벗어나 새로운 기술을 만들어 독립경제인으로 전환해야 한다. 이것이 어려운 경기침체에서 벗어나고 위험한 상태에서 빠져나오는 길이다.

창의적 지식화 작업

'좋은 실패'란 말이 있다. 이는 개인이 성장하는 과정에서 반드시 통과해야만 하는 경우이다. 이는 후에 유익한 실패의 경험이 된다. 반면 나쁜 실패는 부주의나 오판, 무리한 결정 등이 원인이 되어 반복되는 실패를 의미한다. 이런 의미에서 나쁜 실패는 될 수 있는 한 피해야 한다.

처음부터 성공하는 것은 현실에서 매우 드물다. 새로운 것에 도전하다 보면 실패를 경험하게 된다. 그 실패를 반복하면서 새로운 지식과 기술을 얻게 된다. 그래서 〈실패는 성공의 어머니〉라는 식의 말을 쉽게 들을 수 있다. 그리고 보면 누구든 앞으로 진보하다 보면 실패를 필시 경험하게 된다는 견해를 가지게 된다.

먼저 세상의 현상을 바르게 인식하는 것부터 시작해야 한다. 세상이 급격하게 변화하고 있는 시대에 조직과 개인은 전환하여 그 흐름을 타는 것이 가장 바람직하다. 그러려면 새로운 기능을 지식화해야 실제에서 사용할 수 있다.

변화와 새로운 지식의 시대에 창의적인 것을 활용하기 위해서는 지식화 작업이 꼭 필요하다. 지식화라는 것은 어느 특정한 상황에서만 사용할 수 있는 상태의 지식을 보편적인 지식으로 만드는 것이다. 과거의 성공사례뿐 아니라 실패사례로부터 배우고 연구하여 창의적 지식화 작업을 할 수 있다.

나는 실패학을 연구하면서 다음의 사실을 깨달았다.

실패에 대해 긍정적 자세를 가지므로 실패를 다루는 능력이 생긴다. 특히 낡은 공식을 가지고는 여러 문제가 생겨 실패할 확률이 더 높다. 대신 개인이 독립하여 스스로 생각하고 주체적으로 행동하여 변화시켜 나아가면 좋은 방향으로 정진하게 된다.

3

디지털 노마드 생존법

변화와 혁신의 급류에서 생존하려면
자신의 경력을 전략적으로 관리하라!

온택트(Ontact) 이해

언택트(untact 비대면)라는 단어에 'un'을 빼고 온(on)을 붙였다.
이는 온라인을 통해 비대면으로 하는 각종 활동으로 언택트를
뛰어넘어 온라인을 통해 활동하는 방식을 의미한다. 언택트 시
장에서 성장과 변화를 주도하고 있다.

디지털 노마드

신조어 디지털 노마드(Digital Nomad)는 시대 상황에 따라 새롭게 편성되는 질서나 표준을 말한다. 2008년 글로벌 금융위기 이후 펼쳐진 저성장, 저금리, 고규제 경제 환경을 대변하는 경제경영 용어이다. 그리고 코로나19 이전부터 대학교는 이미 수업 형태를 70%까지 온라인 수업을 할 수 있도록 하였다.

이처럼 제4차 산업혁명 시대는 IT기술을 접목해 프로세스를 개선하고 업종 경계가 무너져 새로운 가치를 창출하고 있다. 즉 기존의 비즈니스가 혁신되어 더 나은 성과를 내는 것이다. 이 언택트 기술을 활용해 자기 발전과 조직이 치고나갈 절호의 기회를 만든다.

요즘 사람들의 하루 일과를 보면 참 재밌다. 휴대폰 하나 달랑 들고는 학교도 아니고 회사도 아닌 어디론가 출근을 한다. 여느 지인은 한적한 곳에 자동차를 세워 놓고는 자동차 안에서 일을 처리하고 그곳에서 시간을 보낸다. 진짜 디지털 장비를 활용해 자유롭게 일하는 현대인들의 삶을 '디지털 노마드'라고 한다.

디지털 노마드(digital nomad)는 디지털(digital)과 유목민(nomad)을

합성한 신조어이다. 자유롭게 일하고 즐기는 나만의 라이프스타일이다. 인터넷 접속을 전제로 한 디지털 기기(노트북, 스마트폰 등)를 이용하여 공간에 제약을 받지 않고 재택·이동 근무를 하면서 자유롭게 생활을 하고 정해진 공간에 얽매이지 않고 이동하면서 업무를 한다.

코로나19가 사회에 미친 영향

코로나19 팬데믹이 기업경영에 어떤 변화를 주었는가?

한 조사 결과를 보면 대부분 기업은 경영 활동에 부정적인 영향을 주었다. 그런데 디지털 트랜스포메이션에 대한 투자는 더욱 영향을 주었다. 이를테면 단순노동, 시설, 관리, 마케팅이 디지털화로 전환했다.

우리는 다시 한 번 디지털과 IT기술이 갖고 있는 기술을 생각해 봐야 한다. 분명 코로나19 이후 디지털 트랜스포메이션을 최우선으로 추진해야 경쟁력을 갖게 될 것이다. 모든 비즈니스가 디지털화로 급격하게 변화하고 있다.

최근 여러 기관들이 코로나19 이후 기업에게 어떤 영향을 주었는지를 조사하였다. 조사 결과를 보면 아래와 같다.

부정적인 영향	긍정적인 영향
– 고객 방문 감소 – 매출 실적 하락 – 생산성 감소 – 마케팅 활동 저하	– 원격 업무와 재택근무 능력 향상 – 디지털 트랜스포메이션과 정보 기술의 가치에 대한 인식 전환 – 온라인 비즈니스 능력 개발

언택트(비대면) 사회가 우리의 삶과 관계를 새로운 뉴노멀(New Normal) 시대로 바꾸어놓았다. 비대면 채용과 시험 그리고 온라인 수업 등 뉴노멀의 한 면이다. 다양한 도구로 화상회의나 재택근무 방식은 이미 누렸던 삶의 방식이었다. 각 분야에서 효율성을 따져 비대면을 활용하고 있었다.

코로나19로 타격을 입은 분야도 많겠지만 크게 성장하거나 새로운 분야로 진출해 뉴노멀로 자리 잡은 기업들도 많다. 일상의 생활 방식에서 크게 바꿀 것은 별로 없다. 뉴노멀 사회에 살고 있기 때문이다. 절대 새로운 삶의 방식이 아니다. 예전에도 미세 먼지로 인해 마스크를 쓰고 출퇴근하는 사람들을 흔히 볼 수 있었다. 오염, 먼지, 바이러스는 이전에도 있었고 코로나19 이후에도 지속적으로 존재하게 될 것이다. 결국 뉴노멀로 대응할 수밖에 없다.

검역

검역(檢疫, quarantine)은 전염병과 관련된 활동에서 유래됐다. 국외 감염병이 국내로 유입되는 것을 예방하기 위해서 검사하는 것을 말한다.

일반적으로 검역은 해외 유입입국자와 물자의 입국심사 절차와 관련이 있다. 개인 소지 시 입국심사 시 주로 하게 되며, 공항 입국 심사대에 출입국 기록 카드, 세관신고서, 여권, 항공권을 제출한다.

코로나 팬데믹 이전의 검역은 주로 콜레라, 티푸스, 인플루엔자 등 법정 전염병 중심과 각 국가별 반입금지 물품에 대한 검사가 이루어졌다. 반입금지 물품은 국가 별로 다르지만 크게 허가받지 않은 돼지고기 및 가공품, 가금류 동물 및 어류, 씨앗 종자 등이 해당된다.

조류 인플루엔자와 돼지 콜레라의 유인을 막기 위한 조치로 이외의 동식물은 수출국, 출발국에서 발행한 동물검역증 및 식물검역증이 있는 경우 검역 후 반입 여부가 결정된다. 각국은 공항 및 항만의 입국 검역대에 발열 체크와 함께 코로나19 음성판정 증명서를 요구하고 있다. 우리나라는 특별검역신고서(한국 거주지, 연락

처, 위험지역 방문 여부 등)를 확인하고 자가격리자 안전보호 앱 설치, 정기적 자가격리 준수 여부를 검역 통과 시 확인하고 있다(인천국제 공항공사, 2021).

미국 마이크로소프트(MS)와 오라클의 컨소시엄인 '백신증명이니 셔티브(VIC)'는 코로나19 백신 접종을 스마트폰 앱에서 증명할 수 있는 세계 공통 국제전자인증서 '백신 여권'을 개발할 예정이라고 한다. '백신 여권'은 이용객의 접종 기록을 스마트폰 앱이나 종이에 인쇄된 QR코드로 제시하는 방식이다.

참고자료
: 헤럴드경제, 2021(http://news.heraldcorp.com/view.php?ud=20210115000268

향후 백신 개발로 코로나19 위기가 완화되더라도 한번 강화된 검역체계와 백신 여권의 요구는 전 세계 국가들로 확산될 것으로 예상된다.

집콕 문화

사실 뉴노멀(New Normal 새로운 표준) 신조어는 코로나19 이전에 나온 말이다. 그런데 이 뉴노멀(New Normal)시대가 가속화되고 있다. 즉 기존의 체계와 다른, 조금은 새로운 표준을 뜻하는데, 이전에는 비정상적으로 보였던 현상들이 점차 보편적인 현상으로 변화하는 것이라 정의한다.

바람개비를 돌리고 싶은데 바람이 불지 않을 때 어떻게 해야 바람개비를 돌릴 수 있을까?.. 쉽게 해결할 수 있다. 앞으로 힘껏 달려가는 것이다. 이처럼 언택트 시대도 앞으로 치고 나아가야 한다.

133척의 일본 전선과 명량해전을 앞두고 이순신 장군은 선조 임금에게 글을 올린다. "아직도 전선이 12척이나 있으니 있는 힘을 다해 싸우면 오히려 할 수 있을 것입니다." '필사즉생 필생즉사(必死則生 必生則死)' 즉 '반드시 죽고자 하면 살고, 반드시 살고자 하면 죽으리라.'

이론 물리학자 알베르트 아인슈타인은 "어제와 똑같이 살면서 다른 미래를 기대하는 것은 정신병 초기 증세다"라고 말했다.

비전은 눈에 보이는 미래다. 그 비전을 이루기 위해서는 원하는 바를 명확하게 그리고 실천해야 한다. 코로나19 이후 세상은 분명 지금보다 더 복잡하고 변화가 빠르게 진행될 것이다. 이때 기업에게 디지털로 무장한 개인의 힘은 점점 강해질 것이다.

욜로(YOLO) 세대들

코로나19 이후 사회는 언택트 기술을 기반으로 한 새로운 경제 지형이 핵심축으로 자리 잡게 될 것이다. 비대면, 유용성, 편의성 등이 경제적 가치로서 전통적인 산업은 축소되고 언택트 산업 중심으로 재편될 것이다. 이 언택트 산업은 잠시 머물렀다가 사라지는 것이 아니라 새로운 일상생활 속에 깊숙이 자리매김하게 될 것이다.

앞으로 밀레니얼 세대들이 사회의 주역으로 이끌어 갈 것이며 이들은 1982-2000년 사이에 태어난 신세대로, 정보 기술에 능통하고 SNS를 능숙하게 다룬다. 역사상 가장 똑똑하고 풍요롭게 자란 희망적인 세대이다. 그래서 이 세대들을 욜로(YOLO 'You Only Live Once'의 첫 글자)라 부른다. '인생은 한번뿐이니 지금 이 순간을 후회 없이 살자', 어쩌면 소확행(소소하지만 확실한 행복), 워라밸(일과 생활이 조화를 이루는 삶), 가심비(가격 대비 마음의 만족도) 등과 같은 신조어는 이들을 대표하는 용어가 될 수 있다.

이 욜로(YOLO) 세대들은 디지털 세상에서 디지털 기기를 잘 다루며 멀티태스킹이 가능하다. 자기만족과 자유로움, 그리고 호기심과 개성을 중시한다. 그래서 현재의 행복을 위한 소비를 우선시한다. 그리고 나에게 유익하고 재밌는 소비를 한다.

홈코노미_집콕 문화

·홈코 노미

홈술, 홈쿡, 홈영, 홈트, 홈카페, 홈케어, 홈오피스, 홈방 등

코로나19 이후 집콕 문화가 퍼지면서 주요 소비가 홈족에 의해 이루어지고 있고, 비대면 서비스업과 집콕 문화가 호황을 누리고 있다. 이들의 소비를 겨냥한 경제 용어가 바로 '홈코노미(Home+Economy)'이다. 즉 집에서 모든 경제생활이 이루어지고 있다. 홈코노미는 인테리어 서비스와 같은 홈퍼니싱(집꾸미기) 시장을 빠르게 성장시켰고 운동, 식품, 영상 등을 급증시켰다.

코로나19 이후 생활 방식을 크게 바꿔놓았다. 특히 다양한 창의적 집콕 문화가 자리를 잡았다. 이제 언택트 마케팅은 어느 업종이

나 할 것 없이 추진해야 고객의 기대 가치에 충족할 수 있다. 말로만 하는 것이 아니라 무언(無言), 혼자, 홈콕 문화가 사회 전반에 깊숙이 자리 잡았기 때문이다. 그래 홈코는 새로운 경제가 되었다.

라이브 커머스

코로나19 이후 집안에서 다양한 경제활동이 이루어지고 있다. 홈코노미는 계속하여 성장하게 될 것이다. 특히 밀레니엄 세대들은 라이브 방송으로 소비하는 것을 더 좋아한다. 언택트 소통 방식으로 상품을 구매하고 시청하며 소통한다. 그래서 라이브 커머스는 여전히 인기다. 라이브 커머스는 라이브 스트리밍(live streaming)과 e커머스(e-commerce · 전자상거래)의 합성어로 실시간 방송(라이브 스트리밍)을 통해 물건을 판매하는 미디어 커머스다. 판매자가 생방송으로 제품 정보를 소개하면 시청자들이 댓글로 의견을 교환하면서 구매 여부를 결정한다. 방송 창에서 '구매하기' 버튼을 누르면 바로 제품을 살 수 있다.

라이브 커머스의 시초는 중국이다. 알리바바 그룹의 이커머스 플랫폼 '타오바오'가 2016년 '타오바오 라이브'를 시작하면서 주목받기 시작했다. 미국에서도 아마존이 2019년부터 인플루언서(influencer, 영향력 있는 사람)를 활용한 라이브 스트리밍 쇼핑 서비스

'아마존 라이브'를 시작했다. 우리나라에서는 대형 포털부터 유통 대기업이 경쟁을 펼치고 있다. 네이버의 '쇼핑 라이브'와 카카오의 '카카오 쇼핑 LIVE'가 있다.

언택트 사회 속 집콕 문화는 생산비 절감, 안정성 확보, 편의성 등을 제고하여 소비자들에게 가치를 제공했다. 그리고 IT 기술들을 활용해 기존의 전통적인 운영 방식과 사회구조를 혁신했다. 이 것이 언택트 사회다. 분명 뉴 노멀의 새로운 일상으로 자리 잡았다.

이제 말 걸지 않아도 무언 서비스가 이루어진다. 심지어 일본에선 침묵택시가 등장하기도 했다. 일본 교토의 운수회사 '미야코 택시'는 운전사가 먼저 말 걸지 않는 '침묵 택시'를 이용하고는 좋은 호평을 받고 있나.

홈 가드닝

'홈 가드닝(Home Gardening)'이라는 말은 집에서 다양한 식물들을 키우는 것을 말한다. 홈 가드닝 역시 신종 코로나19로 인해 집에서 여가 시간을 보내는 사람들이 많아지면서 초록식물을 가꾸며 답답한 마음을 달래는 사람들이 급증했다. 실내에서 초록식물을 가꾸며 위로받는 사람들이 늘고 있는데, 심지어는 홈 가드닝은 테라피로 활용되고 있다.

특히 꽃과 식물 화분 판매량은 전년 동기 대비 40% 증가했다. 마당이 없어도 베란다와 부엌의 자투리 공간을 활용해 식물을 키우는 이들이 대폭 늘었다는 얘기다. 더불어 집을 꾸미거나 인테리어 등의 여가 생활을 하며 보낸다. 그리고 집에 있는 시간을 좀 더 재미있게 보내기 위해 게임과 TV, 영화, e스포츠 등 여가 생활을 하며 보낸다. 뿐만 아니라 집에서 더 맛있는 음식을 먹고자 하는 욕구가 증가했다. 온라인 음식배달과 식품 주문이 폭발적으로 증가하고 있다. 온라인 쇼핑 매출 역시 전년 대비 가장 높은 성장세를 보였다.

그리고 음식 배달 서비스인 식사와 야식, 간식 등을 시켜먹는 음식 배달 서비스 업종들이 크게 성장했다. 택배 회사 역시 증가했고, 골프 경기장과 연습장, 런닝머신 관련 업종도 증가했다.

이처럼 소비자들은 언택트 방식의 일상생활에 빠르게 적응하고 있음을 알 수 있다.

혼쇼

코로나19 이후 최고 서비스 혼쇼는 매장 직원의 밀착 응대를 부담스러워하는 일명 '혼쇼족'의 마음을 이해하고 배려하기 위함이다. 많은 상점과 백화점에서 시행하고 있다.

혼쇼족을 위해 다양한 아이디어 쇼핑 기획들이 만들어지고 있다. 요즘은 식당과 택시, 백화점 등에서 비대면으로 혼자 식사를 하고 혼자 쇼핑을 한다. 백화점에서 혼쇼 서비스는 혼자 쇼핑하는 것을 누구도 방해하지 않는다. 무인 계산대를 설치하여 매장 내 점원의 상주 여부와 상관없이 무인 결제를 한다. 이제 어디서나 혼술, 혼밥, 혼커, 혼영, 혼산 등을 누릴 수 있다. 이러한 생활 방식은 더욱 확산될 것이 명확하다.

공유경제 사회

공유 플랫폼

구독경제(subscription economy)란 렌털이나 구독 서비스로 소비자가 일정 금액을 정기적으로 지급하고 그 기간 동안 원하는 상품이나 서비스를 제공받는 것이다. 소비자들의 소비 패턴이 소유에서 공유, 구독, 렌털 등으로 변하고 있기 때문이다. 그런데 구독 경제에서 성과를 내려면 끊임없는 차별화 전략을 가져야 한다. 전통적인 경우로 월 구독료를 납부하면 매달 소비자가 정한 날짜에 집으로 서비스를 배송해주는 것을 뜻하는 정기배송 모델은 신문, 잡지, 우유 등이 그 대표적인 사례이다.

최근 일본에서는 공유경제 사례로 '아도레스 호퍼'라는 새로운 라이프스타일을 가진 사람들이 등장하고 있다. 주소를 뜻하는 'address'와 깡총깡총 뛰는 것을 의미하는 'hopper'를 결합한 용어이다. 일본의 주거 문화로 혼자 살면서 짧게는 며칠, 길게는 몇 달 단위로 거주지를 자유롭게 옮기며 살아가는 것을 의미한다.

공유경제의 특징은 플랫폼 등을 활용해 자산·서비스를 다른 사람과 공유해 사용함으로써 효율성을 높이는 경제 모델이다. 재화를 공동으로 소비하거나 여러 사람이 공유하는 것을 뜻하는 광범위한 용어이다. 기업으로는 우버, 에어비앤비 등과 같은 공유경제 기업들이 있다.

'공유경제'는 하버드 대학교 로런스 레시그가 제안한 용어이다. 공유경제는 '적게 생산하되 나눠 쓰는 방식'이다. 최근 코로나19의 확산으로 공유경제가 확산되고 있다. 공유경제 사례로는 공유 자전거, 공유 킥보드 서비스가 있다. 서울시내의 지하철역 주변에는 공유 자전거 '따릉이'가 있다. 따릉이는 스마트폰 앱을 활용하는 자전거 무인 대여 시스템이다.

공유경제의 비즈니스 모델은 소유가 아닌 사용의 개념을 바탕으로 다수의 소비자가 재화를 협업해 소비할 수 있도록 지원하는 유형이다.

앞으로 여러 분야에서 공유 경제가 활발하게 응용될 것이다.

재택근무의 다양한 이점

코로나19 이후 인간의 삶은 완전히 변했다. 이제 재택근무가 뉴노멀이 되어 더 확대될 것이다. 페이스북 CEO 마크 저커버그도 10년 안에 전 직원의 절반이 원격 재택근무를 하게 될 것이라고 말했다. 그래서 직장인들은 재택근무가 비용과 만족도 측면에서 매우 만족스럽다고 한다. 출퇴근에 얽매이지 않다 보니 쾌적하고 집값이 싼 지역이나 외곽으로 이사가 가능해졌기 때문이다.

우리 사회는 재택근무로 인해 경제 전반에 걸쳐 완전히 새로운 산업혁명이 일어났다. 그래서 앞으로 모든 비즈니스의 경쟁력은 재택근무 인력을 얼마나 잘 유지하는가와 관련이 있게 됐다. 따라서 디지털 마인드와 클라우드 기반 서비스의 대대적인 개선이 필요하다.

재택근무의 융합된 일자리는 일의 혁신, 삶의 목적, 일에 대한 유연함, 그리고 건강과 웰빙, 근무 문화개선 등 많은 이점들이 있다.

한 설문조사에 따르면 재택근무를 더 선호하고 유연한 근무 환경이 일에도 더 긍정적인 영향을 미친다. 업무의 생산성도 더 높아지고 있다. 무엇보다도 직원과 회사 양측에 모두 비용 절감 효과를 가져온다. 재택근무도 출퇴근 인구가 줄어들면서 자연스럽게 차량

운행이 줄어들어 환경에 긍정적인 영향을 미친다. 또한 지역 경제에도 긍정적 영향을 줄 것이다.

3번은 바뀔
미래 직업진로

언제 무지개가 뜨는가?
구름 사이로 무지개가 보이면
폭풍의 끝이라는 것을 알 수 있다.

슬기롭게 맞설 응전의 준비

코로나19 위기로 많은 국가에서 경제 성장 지표가 마이너스 성장
으로 감소하였다. 앞으로 전 세계는 일정기간 극심한 고용 위기와
취업난을 겪게 될 것이다. 또한 전통적인 학교의 역할이 감소하는
언택트 평생학습 시대가 도래했다.

세계적 부자 CEO들은 집 차고에서 창업했거나 대학을 중퇴한
후 자신의 사업을 시작했다(예로 구글, 아마존, 페이스북, 애플 CEO 등).
이러한 세상의 변화 속에서 과거의 학교의 역할, 정부 지원만 바라

보는 해바라기 청년들이 미래 직업진로에 도움이 되었으면 한다. 또한 은퇴 후 새로운 직업진로를 준비하는 분들에게도 도움이 될 것으로 기대한다.

앞으로 교육은 평생교육이며 100세 시대 직업은 2-3번 정도 바뀌게 된다. 이러한 세상에서 살아남기 위해서는 직업 가치관을 바꾸어야 한다. 그리고 창의적 마인드를 갖고 끊임없이 배우며 자신의 역량을 개발해야 한다. 절대로 미래의 일류교육을 위한 연구와 투자를 그저 '그림의 떡'으로 여겨서는 안 된다. 몸소 유연하게 혁신적인 경쟁력을 갖추지 않으면 설령 유명대학과 기업이라도 파산하고 말 것이다. 개인은 말할 것도 없다.

신종코로나19 위기 시대 현재의 상황을 직시하고 미래를 예측하는 혜안이 우리에게 필요하다. 우리가 어떻게 응전(應戰)하는지에 따라 코로나19 이후의 세상이 달라질 것이다.

독일의 철학자 프리드리히 니체가 말하듯이 우리는 초인(超人 독 Übermensch Overman)적 인간으로 능히 코로나19와 같은 위협적 세상을 이길 수 있는 많은 문제해결의 능력을 가지고 있다. 그러니 포스트 코로나19로 그만 움츠러들지 말고 이제 슬기롭게 맞설 응전의 준비를 마쳐야 한다. 좀 더 치밀하게 준비해 전략을 세워 앞서 치고 나가야 한다. 사실 우리의 특별한 재주란 위기 속에서 앞으로 치고 나가는 능력뿐이다.

바야흐로 제4차 산업혁명 시대에 기업들이 비즈니스 성과를 내려면 언택트 경제가 새로운 트렌드로 자리 잡아야 한다. 그래서 언택트가 경쟁력이 되어야 한다.

이 언택트 상태를 유지하려면 유연성 높은 조직을 구축해야 업무의 효율성을 높일 수 있다. 그리고 갑자기 돌발 변수가 생길 경우에 서로 유연하게 대처할 수 있기 때문이다. 보다 앞으로 치고 나가려면 유연성 있는 언택트 교감을 더 해야 한다. 사실 코로나19 이전에도 비대면 환경에 놓여 있었다. 이를테면 언택트 기술들로 사물 인터넷, 인공지능, 가상현실, 키오스크, 무인정산, 챗봇, 화상교육, 온라인 거래, 로봇과 드론, 금융, 통신 등 스마트화하여 고객과의 접촉을 최소화하여 비즈니스를 이룬다. 재택근무와 홈밥, 긱 경제 그리고 SNS가 경쟁력이 된 시대이다.

붉은 깃발 법

'붉은 깃발 법(Red Flag Act)'은 1865년 영국 빅토리아 여왕 때 만들어진 세계 최초의 도로교통법이다. 시가지에서는 시속 5마일(8km/h)로 제한했다. 당시 말도 안 되는 악법이었다.

영국에서 사상 최초로 실용화된 자동차(버스)를 만들어냈다. 그런데 이 자동차가 실용화되기도 전에, 마차 업자들이 반기를 들고 나서 자신들의 생존에 문제가 있다면서 '붉은 깃발 교통법'을 통과시켰다. 한마디로 '자동차가 보급되면 마부들이 실직하니 자동차는 말보다 느리게 다니세요.'라는 내용이다. 이 법의 영향으로 영국의 자동차 산업은 독일과 프랑스 등에 뒤처지는 결과를 초래했다.

당시 산업혁명이 가장 먼저 일어난 나라는 영국이었다. 증기기관의 발명은 재화의 대량생산을 가능하게 했다. 그러나 그 이상으로 산업이 발전하지 못했다. 자동차 산업 역시 도로에서 자동차는 마차보다 느리게 다녀야 한다는 '붉은 깃발 법'이 자동차 산업 발전을 막았다. 제4차 산업혁명의 변화를 지나친 규제로 막는다면 발전을 막는 것과 다름없는 것이다. 이처럼 빠르게 변화하는 시대에서 생존하려면 대면과 비대면의 장점들로 잘 결합된 컨버전스

(Convergence, 융합)를 통해 앞으로 치고 나가야 한다.

내가 자주 가는 곳 근처에는 유명 명품 구찌(Gucci) 매장이 있는데 항상 사람들로 긴 줄이 늘어져 있다. 5년 전 구찌(Gucci)는 매출이 급격이 떨어져 경영위기를 겪게 되었다. 소비자들이 변화하는 명품 현장을 바로 직시하지 못했다. 명품 시장의 주 고객층이 젊은 세대로 이동하였는데도 과거 성공을 이끌었던 유럽 귀족 스타일과 제품만을 고집했기 때문이다. 판매방식도 과거 그대로 유지했다. 하지만 새로운 CEO가 임명되고 이러한 상황을 파악하고는 새로운 도전과 디지털 비즈니스로 변화를 시도했다. 또 명민한 창작으로 디자인, 제품, 유통 채널 그리고 운영방식까지 완전히 바꾸었다. 결국 언택트로 고객을 찾아갔고 다시 명품 최고의 명성을 얻었다.

그렇다 보니 코로나19 팬데믹 경제 위기 속에서도 명품 산업 매출은 떨어지지 않았고 오히려 성장하였다. 이는 변화의 속도에 맞추어 명품의 가치를 잃지 않았기 때문이다.

그래서 찾아냈다. 응전의 언택트는 새롭게 도약할 수 있는 기회가 됐다.

끝의 조짐 읽기

돈의 흐름

참으로 미래 산업을 읽을 수 있는 눈이 띄어야 한다. 이 책을 여러 번 읽으면 눈이 띄어 실물 경제(부동산, 주식, 채권, 환율)를 쉽게 이해할 수 있을 것이다. 능히 코로나19 이후, 잘 준비하여 전략을 세울 것을 기대한다. 이제 기발한 아이디어와 미래를 읽는 창조물, 그리고 결정적 마인드로 새로운 일을 기획하고 준비한다. 앞으로 치고 나갈 좋은 기회이기 때문이다.

쉬운 질문부터 하겠다. 미국처럼 부강한 니라의 기준이 무엇인가? 한마디로 '돈'이 많다가 맞다. 그렇다면 지금 세계 시장은 호황인지 아니면 불황인지, 어떤 조짐을 읽었는가? 불황이든 호황이든 시그널을 감지할 수 있어야 한다. 그리하여 시그널이 감지되면 재빠르게 행동을 취해야 한다.

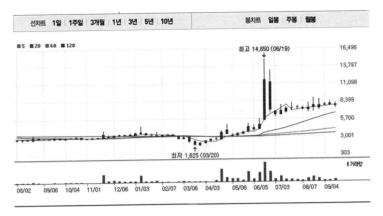

| 선차트 | 1일 | 1주일 | 3개월 | 1년 | 3년 | 5년 | 10년 | 봉차트 | 일봉 | 주봉 | 월봉 |

최고 14,850 (06/19)

최저 1,625 (03/20)

전쟁주 '빅텍' 주가 그래프(1년 주봉)

주식을 바닥에서 사서 꼭대기에서 팔기란 여간 어려운 일이 아니다. 따라서 재테크에 있어서 가장 중요한 것은 돈의 흐름을 꿰뚫고 있어야 한다는 것이다. 돈이 어디로 흘러 들어가고 있는지 살펴야 하며, 또는 몽땅 팔고 갈아탈 줄도 알아야 한다. 그래야 비로소 위기가 기회로 바뀐다.

호황과 공황 끝의 조짐 읽기

돈(Money)이란 많이 찍으면 찍을수록 가치가 떨어진다. 그래서 미국은 통화량 이상의 달러를 찍지 않겠다고 선언했을 정도다. 미중 무역전쟁은 앞으로도 더 심각하게 진행되고, 미중의 경제 성장률은 더 둔화 될 수 있다. 코로나 위기 극복과 경제재건이라는 과제를 받은 미국의 바이든 정부는 양적완화를 통한 통화량 증가로 경기 부양을 더욱 가속화 할 것이다. 현재는 거의 제로금리 형태가 당분간 바이든 대통령 취임 초기 2년 정도는 지속될 것으로 전망한다. 그러나 통화량이 증가하면 인플레이션과 실물 대비 자산 가치의 하락을 방지하기 위해 금리인상은 불가피 하게 된다.

미 연방준비제도이사회는 금리를 올려 달러가 미국으로 회귀하도록 할 것이다. 공황을 겪으면 돈의 가치가 떨어지게 마련이다. 그래서 공황은 누구에게나 마주하기 싫은 적이다. 이 공황은 예고 없이 갑자기 불어 닥치기보다는 사전에 조짐이 있다. 그 조짐을 읽는 것이 힘이다. 우리도 최대한 경제 불황을 읽고 그에 대비하는 것이 우선이다. 그런데 위기지만 기회도 함께 공존한다. 신비로운 사실이지만 기업들은 이 공황을 거치면서 탄생했다.

조금 서둘러 현금이나 유동성 자금을 마련해둔다. 이득이 난 주식이나 부동산 투자 시 현금화할 수 있는 우량자산 중심으로 투자한다. 그리고 주식과 부동산에서 가치상승을 통한 차익 실현도 중요하지만 지속적인 현금흐름, 캐쉬카우를 발생할 수 있는 자산투자가 현명하다. 모든 자산 가치는 시간이 지나면 증식 효과와 인플레이션 효과에 따라 증가한다. 다만 감가상각비용이 발생하는 자동차, 선박, 항공기, 기계, 장비, 물건을 제외하고 이 원리는 화폐, 부동산, 거의 모든 자산에 통용된다. 부동산의 경우 초기에는 흔히 말하는 강남3구와 마용성 지역의 신축 아파트 중심으로 최고가를 기록하여 시장을 선도하고 이후 서울시 전역, 인천, 경기, 전국의 가격이 상승하고 있는 것을 볼 수 있다. 규제에 의한 풍선 효과로 전국 주요 대도시 상승 후 다시 강남, 서초, 마포, 용산의 구축 아파트 중심으로 대폭 상승이 되는 것으로 설명할 수 있다. 오래되어도 자산 가치 상승과 재개발 압력이 자산증식 효과를 가속화 하므로 신축 아파트보다 더 비싸지는 현상이 발생하는 것이다.

예를 들어 주식과 부동산의 가격이 상승하더라도 이익의 실현을 최종 매도 시에 얻게 된다. 그런데 현재 주식과 부동산은 모두 수년 전보다 50-100% 가량 상승하였다. 문제는 그 가치가 영속적인 것이 아니므로 앞으로 상승의 폭과 하락의 폭이 변동적으로 나타날 수 있다는 것이다. 10년 전의 중산층을 자산 10억 원 정도로 생각했다면, 현재는 서울 대부분의 아파트 중위값이 10억을 초과하고, 대출 기준 제한 15억 원 이상부터 흔히 고가 아파트에 해당된다. 과거의 기준으로 현재 서울시민 다수가 모두 중산층이고 부자인 것처럼 느껴지겠지만 현실은 다르다는 착시효과인 것을 간과해서는 안된다.

　자산 자체의 가치의 보존성과 가치상승이 함께 나타나면서 동시에 단위 기간 내 일정한 현금흐름을 발생할 수 있는 자산투자가 현명하다는 얘기다. 또한 경제 위기에는 현금 또는 환금성 높은 가치자산을 확보하는 것이 중요하다. 그리고 환금성 높은 가치자산의 안정성을 중시해야 한다. 변동성이 지나치게 높은 선물옵션과 가상화폐 투자는 신중하게 판단할 필요가 있다. 공황이 아니더라도 과거 금융위기와 경기변동 시 가장 먼저 변동성이 높은 투자 방식부터 즉각 시장의 충격파가 나타난다. 이러한 충격은 전 세계 경제와 시장으로 급속도로 전파되므로 충격파가 나타나면 사실상 대비는 각국 정부나 헤지펀드와 같은 대규모 기관투자가가 아니면 위험회피, 수용이 거의 불가능하다. 주식과 금융투자를 전혀 모른다면 흔히 말하는 초우량주 S 전자 주식만 매입하는 것이 쉬운 방법이 될 수 있다. 물론 투자의 책임과 선택은 여러분이 판단할 몫이니 우량주라도 반드시 오르지 않을 수 있다는 것을 밝혀둔다.

　단지 우량기업이 바닥까지 떨어진 것들은 잘 사 둔다. 모든 위기와 공황의 끝은 같다. 끝의 조짐을 읽고 분석하여 전략적으로 대비하면 큰 이익을 얻을 수 있다.

앞으로도 호황과 공황은 반복될 것이다. 재차 강조하지만 공황은 위기지만 기회이기도 하다. 다음의 세계적 공황을 알아두었으면 한다.

> **• 세계적 공황 사건**
>
> 1929년_ 대공황
>
> 1987년_ 블랙먼데이
>
> 1997년_ 아시아의 IMF
>
> 2000년_ 닷컴버블
>
> 2008년_ 금융위기

무엇이든 시작이 있으면 끝도 있다. 그래서 끝을 알면 성공을 거둘 수 있다. 공황의 시작도 알아야 하지만 끝도 알아야 한다. 그래야 위기를 기회로 활용할 수 있다. 공황이 끝나는 주기와 바닥을 쳤을 때, 끝의 조짐을 읽을 줄 아는 사람들은 투자의 좋은 기회가 된다.

소나기는 피하는 것이 현명한 판단이다. 이처럼 기다렸다가 위기가 지나면 다시 투자한다. 절대로 가만히 넋 놓고 있지 말라. 공황이나 경기불황 중에도 잘 살핀다. 또다시 위기와 기회가 오게 되어있다. 시간의 문제일 뿐 반복되는 경기불황을 철저히 대비하고 준비한다.

땅 뺏기 전쟁

당분간 땅을 차지하기 위한 땅 뺏기 전쟁은 없을 듯하다. 대신 금융 전쟁이 발생한다. 현대의 황금은 땅이 아니라 콘텐츠 산업이다. 즉 기술, 바이오, 스토리(창작) 등.

미중 전쟁의 6곳을 보면 무역, 환율, 금융, 석유, 지식, 생명유전자이다. 세계 시가총액 1등부터 10등까시 기업을 보면 모두 미국 기업이다. 그중 아마존, 페이스북, 구글 등은 생긴지 20년도 되지 않은 신생기업들이다. 그러므로 달러(돈, 금융)의 흐름을 읽고 투자해야 한다. 그런데 이 기업들은 사업 시작 시 맨손으로 오직 창의적 기술만을 가지고 출발했다. 그렇다면 우리도 창의적 아이디어와 기술 그리고 미래 트렌드를 읽을 수 있다면 한 번 해볼 만하다.

'Amazon Go'는 아마존닷컴이 운영하는 식료품점이다
첫 번째 매장은 워싱턴주 시애틀에 운영되고 있다.(2016)

미국 최대 전자상거래 기업 아마존(Amazon)에는 세계 최초의 무인 장으로 아마존 고(Amazon Go)가 있다. 이 매장의 특징은 무인 판매라는 것이다. 계산대와 계산원이 없다. 여기서 '언택트(Untact)'가 나왔다. 그런데 비대면 마케팅 방식이지만 IT기술을 활용해 판매 직원이 소비자와 직접적으로 대면하지 않고 상품이나 서비스를 제공하는 것이다.

3,008.73 USD -69.37 (2.25%) ↓
폐장: 9월 18일 오전 7:30 GMT-4 · 면책조항
개장 전 거래 3,027.00 +18.27 (0.61%)

| 1일 | 5일 | 1개월 | **6개월** | YTD | 1년 | 5년 | 최대 |

2,328.12 USD 4월 21일 (화)

아마존 주식(2020.9월 기준)

언택트를 단순히 비대면 서비스라고만 인식해서는 안 된다. 바로 미래 경제의 흐름을 읽을 수 있어야 한다. 현금 거래 없이 결재가 가능하다는 것이다. 즉 돈의 가치가 달라졌다.

미국 애플은 MS(마이크로소프트)를 제치고 전 세계 시가총액 1위 기업이 되었다. 그렇다면 어떻게 애플은 MS를 제치고 시가총액 1위에 올랐을까? 바로 클라우드 사업 때문이다. 그렇다면 클라우드 1등 기업은 어딜까?

아마존의 AWS(Amazon Web Services): (웹과 모바일의 애플리케이션, 빅데이터 프로젝트, 소셜 게임, 모바일 앱에 이르는 거의 모든 물리적인 컴퓨팅 자

138
| 직업진로 생존법

원을 클라우드를 통하여 실행할 수 있는 다양한 인프라 및 애플리케이션 서비스 집합을 제공한다.)이다. 아마존 AWS가 과감한 투자로 세계 1등이다.

현재 IT기업을 살린 클라우드 기업은 1위 아마존, 2위 MS, 3위 구글, 4위는 알리바바이다. 이 클라우드 기업들은 게임 시장까지 노리고 있다. 앞으로 클라우드 산업은 크게 성장 할 것으로 기대된다.

어닝 서프라이즈로 갈아타기

보통은 어닝 서프라이즈가 한 번 발생한 기업은 다음 분기에 어닝 서프라이즈가 발생할 확률이 높다. 그러나 철저한 업종별, 종목별 대응이 필요하다. 어닝 서프라이즈 기업(Earnings Surprise)이란 실적이 좋은 기업을 뜻한다. 일반적으로 1년에 4번 분기별 실적을 발표하고 이를 종합해 반기와 연간결산 보고서를 발표한다. 이때 시장의 예상을 뛰어넘는 깜짝 실적이 발표되는 것을 말한다. 주가에는 긍정적으로 반영된다. 반대는 어닝 쇼크(earnings shock)라 한다. 이는 기업이 시장에서 예상했던 것보다 저조한 실적을 발표하여 주가에 영향을 미치는 현상을 일컫는다.

당연히 실적이 좋은 어닝 서프라이즈 기업에 투자하는 것이 좋다. 하지만 타이밍이 중요하다. 실적이 좋은 어닝 서프라이즈 기업은 곧 성장하게 될 것이다.

어닝 서프라이즈는 가이던스(guidance): (기업의 한 해 매출액, 영업이익. 당기순이익 등 실적에 대한 기업의 예상 전망치다.) 기업의 펀더메탈, 향후 발전성, 다음 분기까지의 실적 추이 등 여러 가지 항목을 자세히 분석하여 판단해야 한다.

한 예로 미국 전기차 제조업체 시가총액 1위 테슬라가 실적을 발표하자 어닝 서프라이즈가 예상된다.

테슬라 '어닝서프라이즈'

이미지 출처: https://d1-invdn-com.akamaized.net/content/
pic35b81a2b7ff559a3ffafbdc2c7710e67.png

5

즐겁게 놀이하는 직업

스페이스X(Space X)

미국의 민간 우주항공 개발업체 스페이스X(Space X)는 우주 여행 비용을 획기적으로 줄여 인류의 화성 이주를 목표로 항공용 로켓과 우주선을 개발하고 있다. 2015년 사상 최초 로켓 지상회수에 성공했다. 2025년 유인 우주선 '드래곤'을 발사해 인류를 화성에 착륙시킬 계획이다. 스페이스X 창업자이며 테슬라 최고경영자(CEO) 일론 머스크는 "가능성이란 처음부터 있는 것이 아니라 만들어 나가는 것이다"라고 하였다.

놀이하듯 일하기

한 번 사는 인생. 누구도 대신 살아 줄 수 없는 삶. 지름길도, 피할 방법도 없다면 놀이하듯 살자.

달라진 미래에는 공부와 놀이의 경계가 사라진다. 놀면서 지식을 습득하게 되고 놀이하듯 일을 한다. 〈톰 소여의 모험〉을 쓴 미국의 작가이자 사상가인 〈마크 트웨인〉은 성공의 비결을 다음과 같이 말했다. "당신의 직업을 놀이로 만드는 것이다."

그럼 현재 나의 일을 놀이처럼 생각하고 있는가?

현존하는 최고의 경영 사상가이자 작가인 짐 콜린스(스탠퍼드대학교 MBA, 1982-)는 미국의 경영 컨설턴트다. 그는 '성공하는 기업들의 8가지 습관' '좋은 기업을 넘어 위대한 기업으로' '위대한 기업을 위한 경영전략' 등 세계적 베스트셀러들을 썼다. 짐 콜린스가 한 말 중에 "위대함은 상황의 함수가 아니다. 위대함은 주로 의식적 선택의 문제이며, 스스로의 훈련을 통해 발현된다"라고 하였다.

한 번은 짐 콜린스기 기업의 흥망성쇠를 말하면서, "왜 좋은 기업들이 위대한 기업으로 나아가지 못하는가?"라는 질문에 그는 이렇게 대답했다. "이미 좋은 기업은 그럭저럭 알아서 굴러가기 때문에 더 높은 목표를 추구하지 않고 그 위치에서 안주한다."

다음의 시구를 오랫동안 곱씹어보기 바란다. 그리스 철학자 에픽테토스가 남긴 말이다.

누군가 당신을 감옥에 가둔다고 할 때
당신은 뭐라고 대답할 것인가?
나는 이렇게 말할 것이다.

당신은 내 몸을 감옥에 가둘 수는 있지만
내 정신은 제우스 신이라도 억압할 수 없다.

결과가 뻔히 드러나고 있는 지금. 안성을 추구하기 보다는 치열하게 경쟁해서 뒤떨어지지 않을 경쟁력을 키워야 한다. 미래엔 새로운 아이디어를 바탕으로 적극적 도전을 하는 사람들이 큰 성과를 거둘 수 있다. 하지만 한곳에 지루하게 죽치고 앉아 안락만 추구하면 그 상태로 정체다. 그러므로 기존의 틀에 안주하지 않고 항상 새로워지려고 노력해야 한다. 미래는 결코 저절로 익어 떨어지는 과일이 아니기 때문이다.

창의 융합형 인재

코로나19 이후 증강현실(AR)과 가상현실(VR) 산업이 폭발적으로 뜬다. 꿈같은 미래가 생활 속에서 이미 현실이 되었다. 최근에는 게임, 광고, 홍보, 쇼핑 외에도 다양한 분야에 접목되어 각광을 받고 있다. 18세기 영국에서 일어난 산업혁명보다 훨씬 더 큰 혁명으로 다가올 것이다. 그리고 감정을 느끼는 로봇이 곧 개발될 전망이다. 즉 AI가 인간을 대신한다는 의미다. 그런데 아무리 뛰어난 기술의 로봇과 AI일지라도 선택의 자유의지가 없다. 오직 사람만이 매일매일 선택을 한다. 그래서 답은 창의 융합형 인재이다.

우리의 선택의지는 뇌, 전두엽은 뇌의 가장 큰 부분이며 판단과 논리, 지능과 의지를 통제하는 곳이다. 이곳에서 우리의 의지가 작용한다. 전두엽의 중요한 기능을 보면 영성, 도덕성, 지성, 감성, 의지 등이 있다. 그런데 의지의 선택에 따라 각 개인의 인생 방향이 결정된다. 그 의지의 선택들이 모여 습관이 되고, 습관은 그 사람의 성품(性品)을 만든다. 그 성품은 결국 우리의 인생을 결정한다. 그런데 4차 산업혁명의 기술로 인하여 우리의 의지력이 몹시 약화되고 매우 연약해져 있다. 응전의 자세로 의지력을 든든히 해야 AI

에 밀리지 않는다.

기존에 없던 새로운 직업

미래에는 현재 9살 이하의 아이 중 약 70%가 기존에 없던 직업을 가지게 된다. 현재 노동자의 약 70%가 AI, 로봇, 무인, 통신 등으로 대체될 것이다. 현재 직업 중 60%가 사라진다. 반면 일자리 210만 개가 새로 만들어진다. 지속적으로 필요로 하는 직업은 화가, 작가, 강사, 디자이너, 특수 분야 직업 등 제4차 산업혁명 기술이 대체하기 힘든 창의적 직업들이다. 그러면서 평생직장이라는 말은 사용하지 않고 대신 알바, 프리랜서, 긱(GIG) 직업 형태로 바뀌었다. 긱(GIG)은 정규직이 아닌 필요에 따라 임시적으로 노동자를 고용하는 근로 형태로 원하는 시간, 원하는 만큼 그때그때 계약을 맺고 고용하는 것이다.

'흥행의 왕'으로 불리는 제임스 카메론의 영화를 모르는 사람이 없을 정도다. 그는 할리우드의 역대급 능력자로 〈터미네이터〉, 〈타이타닉〉, 〈아바타〉 등을 만들었다. 어린 시절부터 무궁무진한 상상력과 모험심으로 가득 찬 소년이었고 독서광이었다. 이미 고

등학교 시절에 직접 공상과학 소설을 썼다. 대학교 때는 소설가가 되겠다는 생각으로 문학을 전공한다.

한 번은 투자가에게 찾아가 "시나리오를 단돈 1달러에 팔겠소! 단, 내가 그 영화를 감독하는 조건으로 말이오." 그렇게 탄생한 영화가 바로 〈터미네이터〉이다. "두려움 속에 살면 결코 꿈을 따를 수 없다"는 제임스 카메론의 말에 감동이 밀려온다.

상상력과 창의성의 사회

한 자료에 의하면 우울증 자살로 인한 사망자가 하루 평균 40명에 이른다. 이러다가 집단 우울증에 걸릴 수도 있다. 노동을 기계로 대체하고 물질이 값싸고 풍부해지면, 앞으로 사회는 완전 실업의 상태가 올 수도 있다. 노동이 없는 시대 말이다. 그러한 세상이 오면 인간은 할 일이 없어 우울증과 고독으로 자살하는 사람들이 넘쳐날 수도 있다. 그런데 제4차 산업혁명의 기술은 동전의 양면과 같아서 혁명적인 동시에 기회이기도 하다. 이 기술을 어떻게 준비하고 사용하느냐에 따라 재앙이 될 수도 있고 유익(횡재)하게 활용될 수도 있다. 과학 기술은 막는다고 막히는 것이 아니다. 미리 읽고 준비하는 것 외에는 특별한 답이 없다.

가치 소비 시대는 싸다고 하여 사지 않는다. 자신의 가치 기준에 따른 소비를 하는 시대다. 즉 물건을 파는 시대가 아니라 경험을 팔고, 즐거움을 판다. 지금 정보화 사회 다음엔 꿈의 사회가 온다. 이 드림 사회는 문화, 꿈, 이미지, 트렌드, 스토리에 의해 움직이는 세상이다. 즉 상상력과 창의성이 뛰어난 사람이 핵심 인재이며 국가 경쟁력이 된다. 이미지와 이야기(story)가 부의 자원이다.

미래는 결코 우리를 기다려주지 않지만 잘 준비하여 기회를 잡는 사람들이 주도하는 세상이 될 수 있다. 그러므로 지금 무한한 가능성을 지닌 미래를 잘 준비해야 한다.

스토리가 있는 유망 직종

미래의 직업 1위

미래 학자들은 말하기를 이미지와 스토리, 창의적 상상력이 세상을 지배하고 꿈과 재미를 주는 직업을 가진 사람들이 최고의 자리에 오를 것으로 전망한다. 그래서 미래의 직업 1위는, 감동과 재미를 주는 동화 시나리오 작가와 스토리텔러, 그리고 게임 개발, 디자인, 상담 분야 등이다. 20세기 시인은 밥 굶기 좋은 직업 중의 하나였다. 그러나 21세기 시인, 작가, 시나리오 등은 가장 선망 받는 직업 중의 하나다.

그러므로 이미 와 있는 제4차 산업혁명 시대는 상품을 파는 것이 아니라 상품 안에 담긴 이미지와 스토리, 꿈을 파는 시대이다. 물건을 사는 것이 아니라 상품에 담긴 스토리를 구입한다. 즉 상상력과 창의성이 중시되며 독특한 발상은 곧 부(富)로 연결되는 사회다.

미래 사회에서는 사람들이 먹고살기 위해 일거리를 구하려고 아등바등 치열하게 일하지 않는다. 인간의 노동은 로봇들이 맡게 되고 의사결정은 인공지능(AI)이 맡게 된다. 대신 인간은 로봇을 관

리하거나 일의 기획, 이미지를 위한 스토리텔링 등 기계(기술)가 할
수 없는 창의적이면서 상상력이 필요한 일에 집중한다.

기발한 상상력과 재미

이제 현실에서 고개를 들어 미래를 바라보는 자세가 필요하다.
제4차 산업혁명 시대는 이미 와 있지만, 앞으로 다가올 미래의 변
화는 우리가 생각하는 것보다 훨씬 빠르고 강력한 세상이 올 것이
다. 그러한 변화의 소용돌이에서 낙오하지 않고 주도권을 빼앗기
지 않으려면 지금부터 미래를 읽고 대처하기 위한 준비를 해야 한
다.

제4차 산업혁명 시대는 창의성을 중시한다. 창의성을 기르는 교
육이 미래의 선진국으로 가는 원동력이다. 지금 어떻게 준비하고
밑그림을 그리는지가 미래를 결정할 것이다. 기억하되, 미래 사회
는 꿈과 이미지(영상)가 가득한 창작의 세상이다. 즐겁게 놀이하듯
일하는 직업들이 생존할 수 있다.

그래서 미래는 드림 사회(Dream Society)이다. 꿈과 이야기와 같
은 감정적인 요소와 상상력이 중요시되는 사회다. 일과 여가시간
사이의 구분이 사라진다. 소비자들은 상상력을 자극하는 이야기

(story)가 담긴 제품을 기꺼이 구매한다. 이야기꾼(Storyteller)이 미래 조직에서 가장 인기 있는 사람이 된다.

교육 역시 감성적 이야기식 교육이어야 하고 창의적이고 소프트한 전달방식이 교육의 핵심이 된다. 절대 주입식 교육은 효과적일 수 없다. 일방적인 교육법은 학생들이 도망가 버린다. 그리고 온라인 교육 형태가 주류를 이룰 것이다. 거기에 재미와 감동, 의미와 가치를 중시하는 교육이어야 한다. 그래서 기발한 상상력과 재미는 바로 돈이 된다.

80세부터 노인

미래에는 사람들의 평균 수명이 100세 이상까지 연장되면서 집을 사지 않고 원하는 곳에서 1주일, 한 달, 1년 등 이곳저곳 돌아다니며 생활하는 신유목 사회가 된다. 집도 스스로 자신이 원하는 곳에 텐트를 치고, 조립식 집을 짓고 스스로 소비하고 이동한다.

세계는 현재 빠르게 고령화 사회가 되어가고 있다. 우리나라도 고령화 사회에 들어섰다. 이제 평균 수명이 100세다. 그래서 60-80세를 '제3의 인생'이라고 표현한다. 80세를 지나야 '노인'이라고 말한다. 그리고 2070년에는 평범한 사람도 평생에 결혼을 2-3번 이상 하게 되며 결혼과 가족 환경이 완전히 바뀌게 될 것이다. 또 독신이 많아지고 동성 부부가 합법화하면서 가족의 형태도 다양하게 변화될 것이다. 로봇, 애완동물, 복제 등의 의미적 가족들과 살게 된다. 여성들이 결혼하지 않고 인공수정으로 자녀만을 얻는 미혼모들이 주류를 이루게 된다.

미래 사회 이해하기

인공인간과 유전자

제4차 산업혁명의 기술에 힘입어 인위적 인간이 본격화되었다. 미래에는 생명공학과 유전자공학, 나노 의학의 발달로 유전자 조작, 인간 동물 복제, 인공장기, 인공지능, 불로장생 등 인간이 인간을 재디자인하는 신인류 시대이다. 우리 몸속에 나노로봇이 돌아다니면서 세포에 쌓여 있는 대사 찌꺼기와 독성 폐기물을 청소하며, 손상된 DNA를 고치는 역할을 하게 된다.

사이버 웨어러블

가상현실(VR)에 접속하는 통로 역할을 하는 의복 형태의 컴퓨터를 말한다. 일상생활에서 사용되는 시계, 안경, 옷, 신발 등에 접목되어 사용자에게 언제 어디서나 컴퓨팅 환경을 제공한다. 즉 가상현실이다. 대표적으로 원거리 진료의 일반화가 현실이 된다.

나노기술

나노혈관로봇은 빠르게 피를 타고 흘러 들어가서 몸속에서 문제가 발생한 곳을 찾는다. 암세포를 찾아 스스로 분해해 노폐물로 배출한다. 현재 암세포를 제거하는 수술은 20분이면 끝나는 간단한 수술 중 하나다.

나노기술이란 원자 하나하나를 조종하여 물질을 완벽하게 제어하는 기술을 의미한다. 눈으로 보이지 않는 미시 세계의 원자를 제어해 새로운 세상이 열리는 것이다. 나노기술은 의학, 환경, 제조, 로봇공학에까지 깊은 영향을 끼치고 있다.

기술적 특이점

대부분의 미래학자들은 기존 공간경계는 다 무너지고 대 혁신, 혁명 즉 예상하지 못한 세상이 생각했던 것보다 빠르게 온다고 말한다. 대표적인 미래학자 레이 커즈와일은 2045년이면 기계(기술)

가 인간의 지능 수준을 초월할 것이라고 얘기한다. 이 지점을 특이점(singularity)이라 부른다. 특이점이란 인류의 미래에 대한 예측이 담겨 있다. 기술의 변화 속도가 빨라지면서, 지금까지 인간이 누리던 생활이 돌이킬 수 없을 정도로 바뀌는 시점이 곧 다가온다는 것이다. 이 변화의 시점을 기술적 특이점(technological singularity)이라고 부른다.

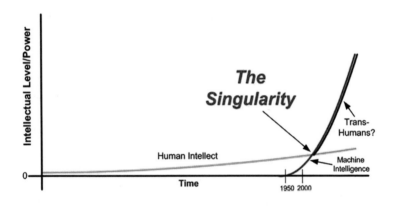

기술적 특이점

혁신과 혁명

혁신(革新)의 '혁(革)'자는 갓 벗겨낸 가죽(皮)을 무두질해 새롭게 만든 가죽(革)을 말하는 것으로서 '면모를 일신한다'는 뜻을 갖고 있다. 또 '가죽을 벗기는 아픔을 이겨내야 한다'는 의미도 동시에 내

포하고 있다. 그러므로 '혁신'이란 낡은 것을 바꾸거나 고쳐서 아주 새롭게 한다. 즉 묵은 관습, 조직, 방법 등을 새롭게 바꾸는 것을 말한다. 여기서 '새로운'이라는 것은 그것을 받아들이는 사람이나 집단에게 무언가 새롭게 인식되어지는 것이라는 의미이다. 스티브 잡스는 "스스로 잠식하지 않으면 잠식당하고 말 것이다"고 말했다.

혁명(revolution)은 정부를 전복하는 형태를 취할 수도 있지만 제4차 산업혁명처럼 사회 경제적인 성격을 띨 수도 있다. 원래 혁명은 통치형태의 순환을 설명하는 용어였다. 18세기에 미국과 프랑스에서 혁명이 일어난 뒤, 혁명은 과거의 전통적 양식에서 갑자기 벗어나는 것을 의미하기 시작했다. 유럽의 주요 혁명들은 통치형태만이 아니라 경제체제와 사회구조 및 사회의 문화적 가치에도 상당한 변화를 가져왔다. 고대 그리스 시대부터 중세에 이르기까지 혁명이라는 개념은 매우 창조적 파괴적인 힘으로 간주되었다.

3부

사람 냄새가 나는
직업 생존법

1

사람 냄새가
나는 직업

사람은 일로써 늙는 것보다 녹슬어서 못 쓰게 된다
_올리버 웬델 홈즈 2세

나의 천직 찾기

나의 사명은 천직(天職 타고난 직업이나 직분)을 찾아주는 것이다. 아마도 천직은 잘하는 일과 좋아하는 일, 그리고 가치 있는 일이 겹치는 접점으로서 수많은 직업 가운데 자신의 일을 사랑하고 자부심을 갖고 임하는 것이다.

미래 직업에 대한 예견들은 공통적으로 기술과 과학의 발전으로 노동집약적이고 단순반복 되는, 그리고 예측 가능한 업무를 하는 직업은 사라지고, 새로운 직업들이 생겨난다는 것이다. 그러나 제

4차 산업혁명 속에서도 절실하게 필요한 직업은 바로 '사람 냄새가 나는 직업'으로 지속적으로 생존하게 될 것이다. 특히 코로나19로 어려움을 겪고 있는 사람들에게 행복한 인생을 살 수 있도록 도움이 될 것이다.

제4차 산업혁명과 자동화된 환경 속에서도 고객의 맞춤형 서비스 및 감성 터치에의 요구가 높아지므로 사람 냄새가 나는 직업들은 계속하여 성장할 것이다.

비약(leap)을 품은 사람

코로나19 이후 여러 어려움과 불황 속에서도 현실의 약점이나 악조건보다 미래의 무한한 가능성에 초점을 맞추는 것이 바로 점프하는 것이다. 인생 여정 속에서 누구나 어려운 벽에 부딪힌다. 그러나 비약(leap)을 품은 사람은 문제의 벽을 점프하기에 충분하다. 그러니 찾아온 시련이나 역경 때문에 결코 절망하지 않기를 바란다. 여러 번 강조했지만 잠재적 의지는 위기를 기회로 만든다.

정말 대단한 Leap를 품은 사람이 있어 소개하려 한다. 그는 코카콜라의 전 회장 로베르트 고이주에타이다. 비전과 리더십을 통해 회사를 크게 발전시켰던 신화적 인물로서 그의 거대한 철학을 보면 "코카콜라의 경쟁상대는 다른 청량음료들이 아니라 물이다. 물과 경쟁했을 때, 우리의 시장 점유율은 40퍼센트가 아니라 3퍼센트 밖에 되지 않는다. 우리는 아직 한참 멀었다."

우리도 물을 경쟁상대로 보고 원대한 꿈을 품기 바란다. 꿈같은 소리를 하는 사람이 꿈같은 일을 이룬다. 다시 강조하여 얘기하지만 개인이든 조직이든 꿈을 품은 만큼 비상하게 된다. 즉 꿈이 나를 이끌어 간다. 그래서 크게 비상하고 싶다면 미래지향적 비전을 품어야 한다.

바라기는, 이 글을 읽고는 꿈과 비전의 사이즈가 커져서 꿈같은 말을 하고, 큰 꿈을 품어 높게 비상하기를 바란다. 진심으로.

라디오 방송 진행자 폴 하비(Paul Hobby)는 이런 말을 했다.

"시각장애우의 세계는 손에 만져지는 것으로 한정되고, 무지한 자의 세계는 그 지식으로 한정되고, 위대한 사람의 세계는 그의 비전으로 한정된다."

미래사회는 창의적 지식사회이기 때문에 꿈을 품고 끊임없이 변화를 추구하며 새로운 지식학습을 해야 한다. 그래야 성장하는 개인과 기업이 될 수 있다. 그렇다. 성장하기를 원한다면 원대한 꿈을 품고 끊임없이 배우고 도전하는 자가 되어야 한다.

나의 천직 찾기 프로젝트

나는 서양철학을 전공했지만 중국철학 수업을 더 많이 들었던 것 같다. 특히 중국 공자(孔子)의 가르침은 나의 심장을 고동치게 하였다. "좋아하는 직업을 택하면 평생 하루도 일하지 않아도 될 것이다(选择一份你热爱的工作，那么你一生都不觉得是在工作)."

사실 조금만 비틀어보면 좋은 일거리가 널려 있다. 할 수 있는 직업들이 많다. 그래서 나의 사명은 개개인의 천직을 찾는 것을 돕는 것이다. 일명 천직 찾기 프로젝트이다. 이는 기존의 방법으로 진로선택을 하는 것이 아니라 출근길이 즐겁고 일이 기다려지는 천직을 찾는 것이다. 자신의 적성에 맞는 직업을 찾았을 때 비로소 그 일에 정열을 쏟아 붓게 된다. 그러므로 천직을 찾았다는 것은 성공의 열쇠를 찾은 것과 다름없다. 이때 창의적 재능이 발휘되게 된다.

그래서 '보케이션(vocation 직업, 재능)' 말의 어원은 라틴어로 '부르다(calling)'라는 뜻으로 신의 부름을 의미한다. 영어로 천직은

'calling'이다.

나는 강의할 때가 가장 신나고 즐겁다. 시간 가는 줄 모를 정도이다. 그래서 열정적으로 전한다. 어쩌면 내겐 강의가 천직일 수 있다.

로마의 철학자이며 웅변가 루시우스 세네카는 "열정을 타오르게 하는 연료는 희망에 대한 신념이다. 그 신념으로 인해 우리는 포기하지 않는 것이다"라고 했다. 소크라테스를 존경했던 세네카는 황제를 죽이려 했다는 음해에 빠져 네로 황제에게 자살할 것을 명받게 된다. 세네카는 자신의 직업을 평생직업으로 여기고 죽음마저도 당당히 즐겼다.

이 이야기를 이탈리아 화가 루카 지오르다노는 세네카가 자신의 죽음을 두려워하지 않고 두 팔과 가슴을 열어 황제의 명을 당당히 받아들이는 모습을 그림으로 담았다. 세네카는 로마시대의 정치가, 철학자이자 뛰어난 웅변가였다.

기적의 천직 찾아 적기

우선 나의 천직을 찾아 적어보는 것이 중요하다. 그런데 천직은 마치 물이 한 방울씩 떨어져 결국은 바위에 구멍이 패이듯이 오래 걸릴 수도 있다. 작은 씨가 자라서 큰 나무가 되듯이, 선택한 직업이 현실로 실천되어 구현되기까지는 자신의 재능과 잠재력을 개발함에 있어 초집중해야 한다.

우선 종이를 한 장 준비해 '내가 가장 하고 싶은 것, 이루고 싶은 것, 그리고 내가 가장 잘하는 것 등을 상세히 적어본다.' 그리고는 그 적은 내용을 행복한 직업이 먼저라는 것에 주목한다.

나의 미래 직업 적기

나의 천직 찾기

　자신이 잘하는 일과 좋아하는 일, 그리고 가치 있는 일을 서술적으로 적는다. 그런 다음 세 가지 일에 접점이 되는 직업을 만들어 본다. 물론 직무에 필요한 역량, 자격증, 직무환경, SWOT분석도 이루어져야 한다.

예행연습 없이,
내동댕이쳐진 청년들에게

독일의 작가 괴테가 청년들에게 말하고 싶어 한다. "인간은 노력하는 한 방황한다." 그러니 당신이 하는 일이 뜻대로 안 된다고 하여, 좌절하거나 움츠러들 필요가 없다고. 지금 당신의 삶은 잘못된 것이 하나도 없다. 선택 또한 잘 했다. 가고 있는 방향대로 계속하여 가라. 괜찮다. 나 때는 더 방황했다.

어쩌면 청년들은 겉으로는 여유 있으며 웃고 있지만 속으로는 울고 있을 수 있다. 이 시기에는 평생을 같이할 친구를 찾아 사랑을 해야 하고, 다양한 사람들과 사귐의 연습을 배우고, 자신이 꿈꾸는 인생을 실기 위해 여러 직업을 찾아 시도를 거치면서 갖가지 시행착오를 겪는 시기이기 때문이다.

그래서 청년이란 나이에 제한이 없다. 미국 심리학자이며 정신분석학자 에릭 에릭슨(Erik Erikson)도 청년기를 나이로 나누지 않고 발달학상 '미지의 시기'라고 했다. 하지만 21세기 사회에서 청년은 심각한 취업난과 고용불안에 시달려야만 하고 취업 준비로 젊음을 거의 다 소진한다. 그러나 분명한 것은 미래의 방향을 결정짓는 중요한 선택의 시기인데 청년의 삶은 공부, 알바, 그리고 취업 준비로 고되기만 하다. 그들을 보고 있자니 마음이 아프다.

더 심각한 문제는 미래사회가 점점 더 불확실성이 커지고 있는데, 이들이 가야 할 길을 비춰주고, 조언과 도움을 줄 수 있는, 믿고 의지할 만한 어른들이 선뜻 없다는 것이다. 그러다 보니 청년들은 스스로 예행연습 없이, 살아가는 법을 터득할 수밖에 없다. 사실 청년기는 젊음을 발산하고 이것저것 시도해보며 어른이 되는 연습을 해야 하는 시간이다. 그런데 갑작스레 어른들의 사회로 떠밀려 낯설고 불안한 미지의 환경에 사전 예행연습 없이, 내동댕이쳐진 신세가 되었다. 어른들은 다 알겠지만 청년들은 행동하며 배워야 할 시기에, 충분한 준비 기간도 없이, 취업 준비와 진로문제로 생생한 젊음을 소진하고 있다.

연재소설 정이현의 〈달콤한 나의 도시, 문학과지성사, 2006〉에서 주인공 청년들은 불완전하고 모순투성인 삶을 경험하고는 이렇게 말한다. "왜 내 삶은 남들처럼 쉽지 않은 거죠?" 정말로 그렇다. 청년들에게 취업의 문이 좁아진 요즘, 거대하게 갈라진 세대 계층 간 갈등 사회에서 살아가기가 그리 만만하지 않다. 그래서 현실에서 도망을 꿈꾼다. 그러나 도망갈 곳도 없다. 사회는 그들에게 도망칠 수 있도록 길을 내어주지도 않는다. 나도 도망을 꿈꾸었고 도망을 쳐보았지만 다시 제자리로 돌아와 있다.

특별한 의미를 부여한 청년

일본의 한 청소년 연구소가 각국 청소년들의 인생 목표에 대해 조사한 바에 따르면 중국 청소년들은 '부자 되기'가 가장 많았다. 미국 청소년들은 '행복한 가정 꾸리기'를 인생의 목표로 생각한다고 답했다. 일본 청소년들은 '친구 많이 사귀기'를 인생의 목표로 생각했다. 그리고 우리나 청소년들의 인생의 목표는 부동산 임대업이 가장 많은 대답이었다고 한다. 참으로 많은 것을 생각하게 하는 설문 결과이다.

이제 더 이상 평생직장과 정년퇴직이란 없으며 숨 막히는 무한 경쟁 사회에서 살아남아야 한다. 마치 동물의 세계에서 흔히 쓰는 약육강식의 법칙이 그대로 지배하고 있다. 그러나 청년은 특별한 의미를 부여한 시기이다. 자유롭게 선택할 수 있고, 무엇보다도 이것저것 직업을 찾아 시도해볼 수 있는 특별한 의미가 부여된 존재들이다. 또 특별한 의미를 부여해준 왕성한 호기심과 그것을 탐구하고자 하는 모험심과 도전정신은 그들에게만 부여된 특별한 것이다.

어쩌면 전쟁 같은 하루하루를 살아가는 청년들은 영웅이 아니라 모험가일 수 있다. 시련과 도전이 시비를 걸기 때문이다. 많은 것들이 현혹하기도 하고 또 약점을 많이 갖고 있으며 불완전하기에 균형을 잡지 못하고 기우뚱거릴 수 있다. 하지만 그러한 경험과 시행착오를 거쳐 용기와 통찰을 얻고, 다시 원래 청년으로 복원하는 것이다. 어느 시기보다 버티는 힘이 매우 좋다. 아무리 도망쳐도 갈 곳도 없으며 결국 도전해야 자리를 지킬 수 있다. 청년기를 지나보면 그때가 영웅이었음을 알게 될 것이다.

요즘 것들을 위한 생존문화

요즘 직장생활에서 적응하기 위해 중요시되는 시작점으로 인간 관계를 맺는 호칭 문제이다. 직장에서 가장 많은 시간을 보내는 직장인들은 적절한 호칭을 사용해야 한다. 이를테면 동료 간에 혹은 상사와 부하 사이에 적절한 호칭을 말이다.

이미 직장에서는 '김 대리님' '박 과장님' '홍 이사님'이라고 부르지 않는다. 직원의 이름을 부르고 '님'을 붙여 부른다. 고려대 경영대학원 인사조직 전공 오혜경씨의 '기업조직의 호칭파괴와 직급 폐지'라는 논문을 보면 수평 호칭으로 바꾸니 상호 존중하는 조직문화로 확산되었다고 한다. 주요 직책을 제외하고는 '님' '선생님' '연구원' '매니저' '선배님' '씨' 등 호칭을 올리어 존댓말을 쓰면 '성과에도 큰 도움이 된다. 무엇보다도 부르는 사람도 불리는 사람도 기분 좋게 하는 호칭으로 부른다.

뽑지 말아야 할 인재 안 뽑기

학벌보다는 창의적 인재, 즉 바른 인성을 중시하는 직장문화가 중요하다. 그래서 채용과 인재 선별 검증절차가 매우 까다롭고 심층 면접을 통해 알찬 인재만 뽑고 있다. 하지만 뽑히면 대우는 확실히 해 준다.

회사는 채용 시 아예 처음부터 뽑지 말아야 할 인재 안 뽑기에 전념하여 뽑는다. 그리고 뽑힌 직원의 실적은 냉정하게 평가한다. 그저 서류만 보고 뽑지 않는다. 철저한 검증을 거쳐 최종 선발한다. 글로벌 기업 삼성에서 인재를 선발할 때 가장 중요시하는 것은 바로 인성과 창의적 인재이다.

나의 특별한 취미 중 하나가 길거리 인형 뽑기 코너를 종종 들려 뽑기를 하는 것이다. 힘들게 조작하여 인형을 뽑으면 그때 그 즐거움은 인형 뽑기를 성공해본 사람만이 안다.

그런데 뽑지 말아야 할 인재를 안 뽑기도 참 어렵다. 이유는 취업 준비학원에서 포장하는 요령을 배우기 때문이다. 심지어 인성 요령이나 면접에서만 과장된 포장, 표정관리, 자기소개 만들기, 대답 훈련, 임기응변의 재주로 뽑혀질 수 있기 때문이다. 지원자들은 창의성, 잠시 만들어진 인격, 톡톡 튀는 생각, 명쾌한 소통력 등으로 포장되어 있다. 또 면접관의 첫인상과 선입견으로도 뽑지 말아야 할 인재를 뽑기도 한다.

요즘 회사들은 준비된 창의적인 인재가 아니면 절대 뽑지 않는다. 뽑아서는 안 될 인재 채용은 곧바로 큰 손실로 돌아오기 때문이다. 그래서 다수의 회사들은 역량면접, 압박면접, 실무생활면접, 프레젠테이션과 토론, 심지어는 합숙까지 시도하여 필요로 하는 옥석을 골라낸다. 채용 인텔리전스(SI : Staffing Intelligence) 시스템까지 도입하여 채용에 활용하고 있다.

그리고 뽑힌 지원자는 직장에 뽑혀도 문제다. 힘든 직장생활을 견뎌내야 하기 때문이다. 요즘은 직장에서 성과를 내야 진급과 인센티브를 받을 수 있다. 그러니 얼마나 열심히 노력해야 하겠는가. 삼성은 성과를 엄정하게 평가한다. 보상은 낭연히 성과를 따라간다. 투자와 교육은 지원하지만 평가는 냉정하다. 내가 살펴본 삼성은 인재 제일주의가 맞다.

그렇지만 뽑힌 인재에게는 아낌없는 투자와 교육을 한다. 그래서 외국의 기자들이 삼성이 성장하는 요인으로 리더십과 더불어 인재에 대한 끊임없는 투자와 교육을 꼽았다. 나 역시 삼성의 성공 비결은 인재양성을 위한 교육투자에 있다고 본다. 삼성의 신입사원 교육은 최소 4주간 이상 합숙하면서 교육을 받는다. 그런가 하면 삼성은 1988년 처음 사내대학을 시작하여 정규대학 학위를 주고 있다. 석박사 과정까지 있다. 일본의 경제전문지 〈다이아몬드〉는 삼성전자의 괄목할 만한 성장은 강력한 리더십과 교육에서 나온 결과라고 하였다.

면접의 중요성

요즘 기업의 신입사원 면접 시 대표가 직접 참여해서 일일이 인터뷰를 한다. 또한 사외 면접 전문가가 참석하여 지원자들의 인격도 살펴본다. 과거나 앞으로 입사의 당락이 면접에서 결정된다고 할 만큼 면접 과정은 매우 중요시 된다. 특히 면접에서 지원자의 창의성, 도전정신, 문제해결능력 등을 보다 면밀히 판단할 수 있기 때문이다.

기본적으로 개별면접과 집단토론 면접을 실시한다. 프레젠테이션 면접과 영어 면접도 중요시한다. 무엇보다도 면접에서 가장 중요시하는 것은 지원의 인성적인 면이다. 물론 개인의 능력과 조직 적응력, 외국어 능력 등도 평가를 한다.

그러나 면접에서 가장 중요하게 보는 것은 인성평가이다. 모든 사회와 회사들이 학벌보다 창의적 인재, 바른 인성이 더 중요하다는 공감대를 이루고 있기 때문이다. 개별 1대1 면접도 보지만, 여러 명의 면접관들과 면접을 보게 된다.

여기서 인간미, 도덕성, 가치관, 기업관, 조직관, 주인의식 등을 고루 갖추고 있는지를 면밀히 살핀다. 이를 위해서 성장 배경, 학교, 지원동기, 일에 대한 사명, 인생관, 종교, 추천인 등에 관해서도 종합적으로 확인한다.

프레젠테이션 면접은 지원자의 의견, 지식, 경험 그리고 전달력 등을 분석하고자 함이다. 면접관들은 발표자의 사례분석과 모의상황, 면접 질문에 따른 대응력 등을 살피고, 또한 창의적인 사고력, 문제해결력, 목표의식, 전문지식, 기술 등을 종합적으로 평가한다.

채용할 직원의 커뮤니케이션 능력을 판단하기 위해 그리고 논리력과 설득력, 의사소통 등을 분석하기 위해 발표하게 한다. 영어 면접에서는 영어 질의응답을 진행한다. 자기소개나 어떤 상황을 영어로 표현하도록 요구한다.

2

노동 없는 미래 사회

변화와 혁신의 급류에서 생존하려면
자신의 경력을 전략적으로 관리하라!

플랫폼 경제

플랫폼(Platform)은 구획된 땅을 의미하는 'plat'과 형태를 의미하는 'form'의 합성어이다. 사전적 의미는 역에서 기차를 타고 내리는 곳을 뜻한다. 언제 어디에서나 자유롭게 공급하고 구매할 수 있는 체계이다. 플랫폼은 미래의 시장과 산업을 의미한다.

사상 초유의 경제 환경

도종환 시인은 자신의 시 〈흔들리며 피는 꽃〉에서 '흔들리지 않고 피는 꽃은 없다'고 말한다. 코로나19 이후, 얼마나 더 우리를 흔들지는 모르지만 나는 떨어지지 않는 꽃잎으로 남아있게 될 것을 기대한다.

흔들리지 않고 피는 꽃이 어디 있으랴

이 세상 그 어떤 아름다운 꽃들도

다 흔들리며 피어나니

..

역사에서 기술의 발전은 흔히 혁명으로 일컬어진다. AI와 자동화, 무인기계 키오스크가 급속도로 도입되면서 현장에서 일하는 많은 사람들의 일자리를 잃었다. 제조업계에서는 스마트팩토리 등장으로 생산직 일자리가 대폭 감소했다. 유통시장에서는 온라인 쇼핑으로 판매 노동자가 대폭 줄어들었다.

그렇다 보니 나날이 직업역량과 진로를 위한 다양한 개발을 갖춰야 더 나은 일자리를 얻을 수 있는 시대가 도래했다. 제4차 산업혁명의 시류에 일자리를 차지하려면 새롭게 요구하는 역량을 서둘러 길러야만 한다. 새로운 직업진로 혁명을 위해서는 결코 멈춰서는 안 된다. 어떤 어려움이 온다 할지라도 멈추지 말고 다시 꿈을 꾸고 세운 계획을 이루기 위해 변화의 물결 위에 올라 새롭게 도전해야 한다.

코로나19 이후 사상 초유의 경제위기를 맞았다. '저금리, 저투자, 저성장, 저물가'가 바로 그것이다. 결국 초저금리임에도 투자와 소비가 살아나지 않고 있다. 그러다 보니 성장은 둔화되고 소득불평등이 발생하고 말았다. 사회의 허리인 중산층이 붕괴하였고 건전한 자본주의 사회가 흔들리고 있다. 이를 경제학자들은 '뉴노멀(new normal)'이라 말한다.

우리 일상에서 경기 활력이 심각하게 둔화되고 저성장이 가속화되고 있음을 느낄 수 있다. 특히 사상 최대 부채는 심각하다. 이 결과 실업률도 사상 최고이다. 인공지능 등 과학기술의 발전은 인류에게 많은 유익을 주지만 근본적으로 인간의 일자리를 위협하고 있다. 특히 인구감소로 인한 저출산과 고령화가 맞물리면서 일자리 생존을 심각하게 걱정해야 하는 처지가 되었다.

그림에서 답을 찾다

체코의 화가 알폰스 마리아 무하의 작품을 감상하겠다.

알폰스 무하는 아르누보 시대를 대표하는 예술가이자 장식미술 가다. 우아한 문양과 풍부한 색감으로 화려한 꽃에 둘러싸인 고혹적인 여성을 묘사해 아르누보 양식의 정수로 평가한다. 그는 미(美)의 예술을 일상생활 속으로 끌어들여 순수한 상업 미술의 위치로 올려놓았다.

알폰스 마리아 무하(Alfons Maria Mucha 1860-1939)의 그림 〈백일몽〉은 마치 순정만화처럼 여성이 우아하고 묘한 표정을 짓고 있다. 덩굴식물 모티브와 유연한 곡선의 미(美)를 강조한 독창적인 작품이다. 넝쿨처럼 굽이치는 여인의 머리카락, 자연에서 차용한 화려한 장식, 그리고 독특한 서체 등으로 표현하고 있다.

〈백일몽〉, 알폰스 무하(Alphons Mucha), 1897년, 채색판화, 72.7x55.2cm,
(출처:컬처앤아이리더스)

알폰스 무하는 어릴 적부터 노래와 그림에 대한 재능을 가지고
있었다. 미쿨로프의 카를 쿠헨 백작이 흐루쇼바니 엠마호프 성과
벽화를 부탁한 뒤에 그의 그림에 감명 받아 뮌헨 미술원에서 정식
으로 미술을 배울 수 있도록 지원해 주었다.

그는 1887년 프랑스 파리로 가서 잡지와 광고, 포스터, 카펫, 책

등의 삽화를 그렸고 장신구도 제작하였다.

20세기 유럽의 미술 사조인 아르누보(새로운 예술)를 대표하는 양식으로 젊고 건강한 여성이 네오클라식(neoclassic, 건축과 디자인에서 고대 로마의 기초를 둠) 양식의 옷을 입고 꽃으로 장식된 아름다운 그림이다.

기민하게 플랫폼으로 전환

제4차 산업혁명 시대 코로나19 이후 팬데믹은 사회 패러다임을 뒤집어 놓았다. 한 번도 경험해본 적도 없는 플랫폼 경제 사회를 맞이했다. 거기에 5세대 이동통신인 5G 기반으로 초연결, 초지능, 지능형 로봇, 무인 자동화, 인공지능(AI) 등이 기존 노동자들이 하는 고된 일을 대신 수행한다. 결국 급격하세 디지털 전환으로 수많은 직업이 소멸되고 생성되었다. 하지만 기민하게 직업진로를 준비한 사람들은 새로운 일자리를 얻고 있다. 또 치고 나가 새로운 창업을 한다. 그러나 아무런 준비를 하지 않은 사람들은 디지털 기술에 자리를 내주어야 한다. 다보스의 세계경제포럼에서 발표된 "일자리의 미래" 보고서는 디지털 기술로 인해 710만 개의 일자리가 사라짐으로써 노동 없는 미래 사회가 펼쳐질 것이라고 말했다.

그래서 제4차 산업혁명에 불을 지핀 클라우스 슈밥은 디지털 전환을 가능하게 하려면 실업과 불평등이라는 사회적 문제를 해결하는 데 전력을 기울여야 한다고 말했다.

그래서 지금 우리 사회가 초집중해야 할 것이 미래의 일자리에 대한 집중이다.

흔히 디지털 세상을 말할 때 대표적인 플랫폼 산업과 클라우드를 말한다. 애플, 구글, 아마존, 페이스북 등 디지털 시대를 주도하는 기업들도 플랫폼 사업이다. 국내는 카카오, 네이버, 배달의 민족 역시 플랫폼으로 사업을 확대하여 이끌고 있다. 다 알고 있듯이 플랫폼은 기차를 타고 내리는 승강장을 의미한다. 도시에 기차역이 생기면 그 주변에 거대한 경제 활동을 영위하게 된다.

이처럼 플랫폼은 초연결성이 구현되는 장으로서 새로운 경제적 가치 창출의 뜨거운 화두이다. 가장 성장하는 것도 역시 플랫폼 시장을 기반으로 한 사업들이다. 앞으로 플랫폼 산업의 발전은 더 가속화될 것이다. 그런데 플랫폼에서 돈을 버는 사람이 제 모습을 쉽게 드러내지 않기 때문에 보이지 않는다. 더욱 개인화가 될 것이다.

플랫폼 패러다임

이처럼 제4차 산업혁명은 플랫폼과 클라우드 시장에서 노동자가 생존하기 위해서는 새로운 역량을 함양할 것을 꾸준히 요구한다. 이는 시대적 요구이기도 하다. 디지털 시대에 걸맞은 컴퓨팅 사고력을 기르는 것이 중요하다. 그래서 새로운 역량을 갖춰야 돈이 되는 일자리를 유지할 수 있다.

앞으로 플랫폼 업체가 경제를 주도하게 될 것으로 전망된다. 특히 미국 주식시장도 플랫폼 업체가 패러다임 변화를 주도하게 된다. 현재 S&P500 시가총액 상위 기업은 모두 플랫폼 기업이다. 한국도 알게 모르게 변했다. 현재 반도체, 자동차, 제약 바이오, 2차전지, 인터넷, 친환경 에너지 등으로 주요 시가총액 상위 업종이 바뀌었다. 한국의 플랫폼 시장을 주도하고 있는 기업은 당연 카카오이다. 앞으로도 가장 유망해 보이는 업체이다.

카카오

카카오는 4000만 명이 사용하는 국내 멀티 플랫폼 기업이다. 지속적으로 수익을 내고 있으며 성장성을 높게 평가하는 이유로는 톡비즈, 핀테크, 자회사IPO 등 이다.

인위적 인공지능 지식 노동자

미래의 인재

사상가이자 베스트셀러 작가인 다니엘 핑크(Daniel Pink)는 〈새로운 미래가 온다〉에서 미래 사회는 단순히 지식을 암기하고 정보를 얻는 것으로는 부를 창출할 수 없다고도 말한다.

"미래는 매우 다른 생각들을 가진 다른 종류의 사람들의 것이 될 것이다. 창조하고 공감할 수 있는 사람, 패턴을 인식하고 의미를 만들어내는 사람들, 예술가, 발명가, 디자이너, 스토리텔러와 같은 사람들, 남을 돌보는 사람, 통합하는 사람, 큰 그림을 생각하는 사람들이 사회에서 최고의 부를 보상받을 것이고 가장 큰 기쁨을 누릴 것이다."(발췌: 다니엘 핑크 '새로운 미래가 온다'한국경제신문, 2012)

이제 미래의 가치를 찾아내어 통합하고 창의력으로 재창조해 내야 한다. 이는 한마디로 인문학적 통찰력을 길러 미래의 인재가 될 수 있다. 그래서 애플의 창업자 스티브 잡스의 말도 같은 의미이다. "소크라테스와 함께 오후를 보낼 수 있다면 우리 회사의 모든 기술을 그것과 바꾸겠다."

제4차 산업혁명의 시대로 새로운 사회 변화가 일자리 수를 증가시켰다. 일자리 창출의 동력으로 활기를 띄고 있다. 바로 미래 사회와 노동의 미래를 읽고 미리 대비한 개인과 조직은 경제의 혜택을 한껏 즐기게 될 것이다. 결국 제4차 산업혁명은 새로운 직업과 일자리 창출의 기회가 될 수 있다.

메커니컬 터크

1809년 프랑스의 장군 나폴레옹 보나파르트가 전쟁을 치루고 나서 궁전에서 흥미 거리를 찾던 중 요즘 말로 표현하면 체스 두는 인공지능 기계(메커니컬 터크mechanical turk)를 하게 된다. 결국 대국을 벌였지만 19수만에 말을 던지고 튀르크인에게 패배를 인정했다고 한다.

요즘 노동의 미래에 주목하여 초집중적으로 연구하고 있다. 제4차 산업혁명 시대의 도래로 크게 이득을 보는 분야로는 인공지능(AI) 노동자들이다. 그리고 무엇보다도 미래사회는 노동의 변화가 급격하게 바뀌고 있기 때문이다.

the TURK(자동 체스 기계), 사진 _위키피디아
이미지 출처 : 구글 https://t1.daumcdn.net/cfile/tistory/127071274A7638F598

한빈은 미국 방문에서 테네시 주에 있는 아마존 기업을 방문하였다. 미국에서 아마존 기업은 미래 사회의 기업에 맞게 기대를 주며 지속적으로 성장하고 있었다. 그런데 아마존 기업이 자주 사용한 표현법이 있는데, 바로 메커니컬 터크(mechanical turk)이다. 이는 인공적 인공지능을 의미한다. 아마존에서 일하는 것은 노동자가 아니라 톱니바퀴 즉 인공의 기계가 노동을 한다는 의미이다.

미국 테네시 주에 있는 아마존 방문
_ 정병태 박사(2019년)

　미국 시가총액 세계 1위 기업 아마존은 앞으로 값비싼 노동력이 아니라 값싸고 기술력을 갖추고 유연하게 일하는 가공의 기계들을 노동자로 고용하고자 함이다.

　아마존은 1994년에 온라인 서점으로 출범했고, 수년째 미국 온라인 리테일 시장을 독식하고 있으며, 특히 AWS라는 클라우드 서비스를 런칭해 종합 IT플랫폼 회사로도 자리매김하고 있다.

클라우드 컴퓨팅

인터넷 기반 컴퓨팅의 일종으로 정보를 자신의 컴퓨터가 아닌 클라우드(인터넷)에 연결된 다른 컴퓨터로 처리하는 기술을 의미한다. 클라우드 서비스는 인터넷 상에 자료를 저장해 두고, 사용자가 필요한 자료나 프로그램을 자신의 컴퓨터에 설치하지 않고도 인터넷 접속을 통해 언제 어디서나 이용할 수 있는 서비스를 말한다.

앞으로 값싼 노동자로 비춰져서는 설 자리가 없다. 또 제4차 산업혁명의 변화를 읽지 못하고는 새로운 직업 창출 기회의 혜택을 얻을 수 없다. 적극적인 딥 러닝(deep learning, 심층 학습) 즉, 배우고 연마하여 고도의 기술력을 갖추어 효율적으로 일을 창의적으로 처리할 수 있어야 한다. 아마존의 메커니컬 터크는 컴퓨터가 하지 못하고 사람이 가능한 일을 사람에게 시키는 것이 기본 철학이다. 학습과 연마를 통해 가공된 인공지능을 다룰 수 있는 기술을 보유한 사람만이 지식 노동자로 살아남을 수 있기 때문이다.

딥러닝

심층 학습(Deep Learning)은 여러 층을 가진 인공신경망(Artificial Neural Network, ANN)을 사용하여 머신러닝 학습을 수행하는 것이다. 인공신경망은 두뇌의 신경세포, 즉 뉴런이 연결된 형태를 모방한 모델이다. 즉 인간의 뇌를 기초로하여 설계되었다(딥러닝 = 알고리즘+풍부한 학습데이터+신경망 계산량).

딥러닝과 머신러닝은 혼재되어 사용되기도 하지만 머신러닝은 기본적인 기계학습이고 딥러닝은 학습데이터의 원천까지 찾아서 추출 분석할 수 있는 형태의 진화된 AI 러닝의 차이가 있다.

인공신경망은 고사양의 GPU가 증가할수록 정확도와 연산량이 비례하여 증가하는 특성이 있다.

예를 들어, 여러 사진을 수많은 조각으로 분화하여 신경망의 레이어에 입력하면, 각 뉴런에는 입력의 정확도를 나타내는 일정한 가중치가 할당되고 이를 모두 계산해 최종적인 연산 값을 도출하는 원리이다. 딥러닝은 사람의 개입이 없이도 스스로 인공지능신경망을 통해서 진화학습이 가능한 형태로 알고리즘(algorithm)에 의한 뉴럴 네트워크의 일종이다.

3

유용한 직업진로 찾기

인포메셜

인포메셜은 '정보(information)'와 '커머셜(commercial)' 둘을 합쳐 새로 만든 말로 '정보형 광고'를 의미한다. 소비자에게 제품이나 서비스에 대한 자세한 정보를 제공한 후 바로 구매를 유도하는 형태를 의미한다. 즉 판매촉진의 목적을 가진 TV 광고이다. 다양한 IT기술을 활용하여 소비자에게 홍보 메시지를 전한다.

유용한 직업을 얻는 법

한번은 후배로부터 급한 전화가 왔다. 그녀는 미술관에서 일하고 있는 큐레이터인데, 코로나19 이후 전시 주제와 작가를 찾고 있는데 도움을 달라는 내용이었다. 큐레이터의 직무가 미래의 트렌드와 동향을 읽고 1년 후 전시를 미리 기획해야 하기 때문이다.

요즘은 새로운 많은 직업들과 변형된 일들이 생겨 생소한 직업들이 참 많다. 일찍이 큐레이터(Curator) 직업을 소개한지도 벌써 10년이 다 되었다. 참고로 큐레이터는 박물관이나 미술관을 찾는 관람객을 위해 전시를 기획하고 글을 쓰며, 작품이나 유물에 대한 수집·관리·연구를 담당한다. 공간 디자인 기획까지 그리고 작가와 작품 분석에 기발한 기획가로서 작가가 구상한 주제를 전시 형식으로 풀어내고 글과 스토리로 완결한다. 또 작품을 오디오와 영상 창작 형식으로 기획을 하거나 필요한 곳에 해설과 아티스트, 제목 등을 전시해야 한다. 그리고 빈 공간을 새롭게 구성하고 조명과 방향선 등 모든 것을 기획해야 하는 막중한 직업이다.

앞으로 새로운 라이프스타일로 더욱 영화, 음악, 관람(예술), 공간, 방송, 북, 상품, 뉴스레터까지 취향과 데이터를 조합해 기획하는 큐레이터는 시대적 유용한 직업으로 큰 기대가 된다.

가장 바른 지식을 얻는 법

프랜시스 베이컨
(Francis Bacon 1561~1626, 영국)

'아는 것이 힘이다'는 유명한 말은 고전 경험론의 창시자이며 철학자인 프랜시스 베이컨 (Francis Bacon 1561~1626, 영국)이 하였다. 그는 정치가이며 근대 철학의 개척자라고도 불린다. 베이컨은 영국 최고의 지성인으로 케임브리지 대학교에서 공부를 했고 변호사, 하원의원, 차장 검사, 검찰 총장 등을 거쳐 대법관이 되었다. 당대 최고의 지성인이었다.

관찰과 경험을 중시한 그는 시체가 몇 도의 온도에서 부패되는지를 관찰하고 탐구하기 위해 눈 속에서 닭의 시체를 관찰하다 기관지염에 걸려 죽게 되었다고 하니, 얼마나 관찰과 경험의 중요성을 강조했는지 알 수 있을 것 같다. 프랜시스 베이컨은 바른 지식을 갖기 위해서는 관찰과 경험을 중히 여기는 경험론이 필요하다며 사물을 하나하나 확인하여 마지막으로 근본원리를 찾아내는 방법, 곧 귀납법이 가장 바른 학문의 방법이라고 하였다. 그의 대표작으로는 〈수상록〉, 〈학문의 진보〉, 〈노붐 오르가눔〉, 〈새로운 아틀란티스〉, 〈신기관〉 등이 있다.

프랜시스 베이컨은 실험과 관찰을 통해 확고하고 유용한 지식을 얻어야 한다며 올바른 과학의 방법인 나침반을 위해서는 첫째는 기존의 편견을 없애야 하며(우상론), 둘째는 자연의 원리를 발견하기 위해서는 귀납적 방법을 사용해야 한다고 주장하였다. 즉 학문의 진보를 위한 대혁신 계획을 수립한다. 결국 인간 정신을 미혹하여 지식 발전을 저해하는 우상을 파괴해야 한다고 주장한다. 베이컨은 지식을 습득하는 방법에 있어 이론적 논리에만 의존하지 말고 적극적으로 자연현상을 관찰해야 한다고 주장했다(귀납법). 분명 관찰과 세세한 탐구는 유용한 지식을 얻게 된다.

베이컨은 '인간의 지식이 곧 인간의 힘'이라고 말했는데, 여기서 '인간의 지식'은 바로 '자연에 대한 지식'이며 자연을 아는 것이다. 즉 자연을 통제하는 힘을 증가시켜 인간의 삶을 풍요롭게 하는데 있다. 그리고 베이컨이 말하는 우상은 각 개인이 자연과 외부의 환경을 차단하고는 각 개인의 특수한 기질이나 환경 때문에 생긴 개인적인 편견이나 선입견을 가리킨다. 참고로 베이컨이 언급한 인류의 3대 발명은 인쇄술, 화약, 나침반 등이다.

관찰과 실험적 접근

프랜시스 베이컨의 참된 귀납법은 첫 번째로 자연적, 실험적 사실을 수집으로 시작된다. 다양한 경우와 사례를 수집해 이를 분류하고 분석한다. 아무튼 면밀한 관찰과 적극적인 실험적 활동이 참된 귀납의 요체가 된다. 그는 올바른 지식을 갖기 위해서는 경험과 관찰이 바탕이 돼야 하며, 사물을 하나하나 확인해 마지막으로 근본원리를 찾아내는 방법, 즉 귀납법만이 가장 바른 학문의 방법이라는 것이다. 이러한 접근에서 새로운 창의적 답을 찾기가 수월하다.

베이컨의 관찰성, 즉 관찰이 가능하고 수량화할 수 있어야 한다. 거기에 객관성 즉 언제, 어디서나 누구든지 관찰할 수 있어야 한다. 그리고 재현성이다. 이는 누가 어디서 실험하든 동일한 결과가 나올 수 있어야 한다.

나는 귀납적 추론을 통해 5단계로 정리해 보았다. 자신의 직무에 적용해보고자 한다. 평상시 이러한 귀납적 자세는 매우 유용한 결과를 얻게 도울 것이다.

⑴현상을 관찰한다.

⑵문제를 제기한다.

⑶문제를 설명하기 위해 가정한다.

⑷실험을 통해 가설을 증명한다.

⑸다시 반복 실험을 해 재현성을 인정받는다.

프리덤 긱 경제

새로운 세상이 도래했고 직업 혁명이 일어났다. 과거는 일에 삶을 맞추었다면 앞으로는 삶에 일을 맞추는 시대이다. 그래서 미래의 노동은 시장에서 물건을 사고팔 듯이 노동을 사고파는 시대다. 새로 생긴 일자리는 거의 파트타임 노동의 범주에 있다. 이제 평생직업의 직업과 직장이 없어지게 된다. 결국 프리덤 경제(Freedom Economy)가 확대되고 독립적인 노동자가 더 늘어날 것이다.

또 앞으로 밀레니얼 세대(1980~2000)의 직업은 독립성, 유연성, 자유로움이 잘 부합되는 일들을 선택하게 될 것이다. 이 세대는 자기가 원하는 시간에 일하는 것을 더 선호한다. 라이프스타일의 삶을 중요하게 여기는 세대들이기 때문이다. 그래서 요즘 집 근처 스타벅스나 스터디카페로 가서 일을 하는 사람들을 쉽게 볼 수 있다. 물론 자신의 집에서 일을 하는 재택근무도 늘어나고 있다. 그런가 하면 아예 스타벅스로 출근하고 퇴근하거나 오후에만 직장으로 출근하는 사람들도 부쩍 늘었다. 바로 프리덤 경제가 주는 유연성의 매력을 알고 있는 것이다.

그러므로 이제 출퇴근에 매여 있는 직장이 아니라 여기저기 길거리 위에서 상담과 거래를 통해 경제가 이루어지고 있다. 도서관이나 공유 오피스, 스터디카페, 공원, 1인 공간, 자동차 속, 호텔 안, 심지어 식당에서조차 일을 하고 또 여행을 다니면서도, 시간과 장소에 얽매이지 않고 돌아다니면서 일을 한다. 요즘 여느 공간이든 좋은 환경에다 빠른 인터넷을 제공한다. 그러므로 미래의 직업은 확실히 프리덤 경제를 선호한다. 특별히 밤에 일을 하기 좋아하는 부류도 많아졌다.

온디맨드 경제

크라우드 워커(crowd worker)는 새로운 직업 혁명이다. 자동화된 작업환경에서 자신에게 맞는 일거리가 들어왔다는 알림을 받으면 일을 해주고 보수를 받는다. 현재 빠른 속도로 도입되고 있는 '크라우드 워커' 또는 '플랫폼 노동'의 모습을 볼 수 있다. 대표적인 크라우드 워커 업종인 배달 대행업계를 보면 한 업체나 한 식당에 고용되어 일하는 것이 아니라 원하는 시간에 맞춰 원하는 만큼 더 일할 수 있다는 장점이 있다.

이처럼 사람들은 자유로운 시간 활용과 재택근무 하기를 원한다. 그래서 휴먼 크라우드는 인터넷에 할 수 있는 일을 등록해두면 기업이나 필요자가 필요한 인력을 원하는 시간에, 필요한 만큼 선택적으로 이용할 수 있다. 마치 자동차를 렌트하여 사용하듯이 노동력을 필요한 만큼 비용을 주고 사용한다. 누구나 쉽게 일감을 얻을 수 있고, 특히 디자인과 레슨은 인기다. 건강, 가구, 법률, 영업, 운전 등 거의 모든 업종이 고용되고 있다. 이러한 즉각적인 노동력을 얻을 수 있는 것은 바로 크라우드 컴퓨팅 기술이 따라줬기에 가능했다. 이는 온디맨드 경제(on-demand economy)로 수요자의 요구에 맞춘다는 의미를 갖고 있다.

온디맨드(On-Demand)는 휴대폰을 통해 소비자와 서비스를 연결하는 서비스로서 소비자가 필요로 하는 재화 또는 서비스를 시공간의 제약 없이 제공하는 것이다. 그래서 온디맨드의 뜻이 '요구가 있을 때는 언제든지'이다. O2O(online to offline) 의미가 바로 온디맨드 서비스다. 대표적인 기업은 미국 아마존의 '메커니컬 터크'이다. 여기 등록된 노동자를 인공지능이 지원자의 일을 찾아 연결해 준다. 반면 노동 지원자는 확실한 실력과 재능을 갖추고 있어야 한다.

그래서 온디맨드는 고객의 요구가 있을 때 언제 어디서나 고객 중심에서 니즈를 해결해 주는 것을 말한다. 모바일을 기반으로 소비자와 서비스를 연결한다. 예로 소비자와 콜택시, 대리운전 등을 연결해주는 운송업 서비스 역시 빼놓을 수 없는 온디맨드 서비스이다.

새로운 직업으로 바꿔보기

'일'이란 인간의 경제적인 목적을 넘어서 인간다운 삶을 살아가는데 없어서는 안 될 소중한 삶이다. 직업이 인생에 영향을 주기 때문이다. 그러기에 여러 번의 직업을 바꿔가면서 일을 하는 것이 잘못된 것만은 아니다. 그래서 이번에 바꾼 일이 천직일 수도 있다. 그 천직의 직업을 발견하기 위해 10년, 20년 단위로 바꿀 필요가 있다. 적어도 인생 여정 속 3번의 직업을 바꿀 수 있다.

코로나19 이후 새로운 직업과 창업은 자연스러운 결정이다. 사회가 리스크를 입을까 아무것도 하지 않고 있을 지금이 새로운 직업으로 바꿔보는 것도 좋은 선택이다. 투자의 귀재 워런 버핏은 이런 말을 해주었다. "남들이 욕심을 낼 때 두려워하고 남들이 두려워할 때 욕심을 내야 한다." 이는 무슨 말인가? 모두가 두려워할 때 오히려 자산을 늘리기 좋은 적기라는 의미이다.

우선 부정적 마인드에서 벗어나야 한다. 코로나19 팬데믹은 모두에게 적용된 상황이다. 어떤 특정 기업이나 나라에만 한정된 것이 아니다. 창의적 비즈니스가 더 깊고 넓게 진입하기에 좋은 기회다. 리스크가 무서워 떨고 있을 때 공격적으로 치고 나가야 한다.

어쩌면 지금이 내 천직을 찾을 적기일 수 있다. 그 어느 때보다도 섬세하고 뛰어나게 온택트 마케팅과 새로운 일에 도전할 절호의 타이밍이 될 수 있다.

현재의 직업에 만족하고 천직으로 여기고 있다 할지라도 새로운 가치의 직업에 눈을 뜨게 되면 직업에 변화를 줄 수 있다.

덜컥 직장 바꾸기

이제 퇴직 사유가 능력 없어서가 아니라 라이프스타일에 맞는 직업을 찾기 위해서이다. 사실 처음 선택한 직업이 적성에 딱 맞기란 쉽지 않다.

요즘 사람들의 직업 가치관을 보면 돈보다 행복한 삶을 더 중요하게 생각한다. 돈을 버는 것도 중요하지만 어떻게 사느냐도 매우 중요시 한다. 그래서 오래 고민했다면 덜컥 직장을 그만두거나 하던 비즈니스 전환도 한번 생각해볼 필요가 있다. 긴 인생 여정 속에서 의미 있는 직업을 추구할 수 있다.

그래서 직업을 바꾸고 싶어 미소를 머금고 사표를 내는 사람도 늘고 있다. 사계절이 있듯이 직업에도 계절이 필요하다. 앞으로 많은 사람들이 더 큰 계절을 맞이하기 위해 사표를 내고 새로운 라이프스타일에 따른 직업을 선택할 것이다.

한 지인은 잘 다니던 회사에 사표를 내고는 다시 대학교 간호학과에 들어갔다. 또 해외 식당 창업 차 5년간 비즈니스 훈련을 떠난 사람도 있다. 늦은 나이에 제빵 학교에 들어가 배우기도 한다. 새로운 분야의 자격증을 취득하여 디자인 일을 즐긴다. 또 은퇴 후에 레스토랑 서빙 전문직을 지원하고 모델이나 시민기자, 작가 직업으로 갈아탄다. 이것이 바로 삶의 질(QOL)을 중요시하는 라이프스타일이다.

그런데 요즘 직업 선택의 기준을 보니 첫 번째가 '돈'이다. 그러나 직업 선택 기준은 적성이 맞아야 한다. 돈이란 적성에 맞고 천직을 수행함에 따라오는 것이다. 그래서 적성에 맞는 직업을 쫓아가야 돈이 따른다.

팬데믹이 미친 직업

알아야 할 것이 코로나19 팬데믹(대전염병 유행)이 휩쓸고 가면 과거 원래 상태로 다시 올 것으로 안이한 생각을 한다면 큰 오산이다. 모든 분야에서 체질이 달라졌기에 업글되어야 한다. 절대 일시

적인 팬데믹이 아니다. 우리의 환경과 체질을 바꾸지 않으면 적응
할 수도 없다. 신속하게 변화하지 않으면 따라갈 수도 없다. 직업
을 대하는 자세 또한 바뀌었다.

코로나19 이후, 전 세계적으로 코로나 베이비붐 현상이 나타나
고 있어 관련 위생용품 관련 시장이 커지고 있다. 또 집에 머무는
시간이 늘면서 수술용 라텍스 장갑과 성 관련 위생용품 생산량이
증가했다.

• 체온계

개인과 기관, 식당, 직장 내 체온계를 준비해 수시로 개인의 열을 체크하여 건강상태를 파악하고 있다.

• 손소독제

수시로 손소독제를 사용하여 청결과 개인 방역을 생활화하는 것은 생활화되어야 한다.

• 마스크 쓰기

평상시 미세 먼지와 바이러스 전염을 예방 차원에서 마스크는 착용해야 한다.

4

일 안해도 되는 직업 찾기

QOL 직업

QOL(삶의 질 Quality Of Life)은 사람들의 복지나 행복의 정도를 말한다. 즉 인간 생활의 양의 문제가 아닌 질, 즉 인간 삶의 가치의식의 문제이다. 앞으로 직장생활은 긍정적인 마음가짐을 갖고 질적인 직업을 준비한다.

신나는 QOL 직업

'와~ 일 안 해도 되는 직업을 찾았다.' 참으로 심장을 고동치게 하는 말이다. 코로나19 팬데믹 사회에서 진짜 직업 생존법은 일 안 해도 되는 직업을 찾는 것이다. 직업진로 선택 여부는 인간의 삶에 상당한 영형을 준다. 또한 경제적 독립과 안정적 생활을 가능하게 한다. 그러므로 직업진로 선택은 인생에서 매우 중요하다.

직업만큼은 시간이 걸려도 설령 알바를 하더라도 자신이 좋아하는 일과 가치 있는 직업을 택해야 한다. 평생직장은 이제 없으며 10년 단위로 직업의 변화를 주거나 상위 단계로 확장될 수 있으며 3번의 새로운 직업을 갖게 될 수 있다. 따라서 평생직장이 없고 100세 시대에 은퇴가 없는 사회에서 우선 나의 직업진로를 결정하기 위해서는 자신의 장단점과 성향을 정확히 알아야 한다. 그리고 다양한 직업들을 탐색하고 합리적으로 방향을 정한다. 결정한 직업진로에 진입하기 위해서는 지식, 체험, 경력, 자격증 등을 통해 자신의 역량개발을 한다. 이 과정에서 직업을 수정하고 변화를 줄 수 있다.

백만장자가 된 사람들의 직업군은 어떤 직업진로를 선택했을까? 돈을 많이 벌 수 있는 일을 직업으로 선택한 사람과 보수는 적더라도 하고 싶은 일을 선택한 사람들 중에서 말이다. 다시 묻겠다. 신나고 즐겁게 일하는 사람들, 일에 몰입하여 창의적 아이디어를 만들어 내는 사람들, 밝고 긍정적이며 원활한 관계를 갖고 일하는 사람들은 어떤 직업진로를 선택한 사람들일까?

누가 뭐래도 하고 싶은 일을 직업진로로 선택해야 훗날 큰 가치를 얻을 수 있다.

삶의 질을 높여주는 직업

오늘도 여느 다른 날과 같이 전철을 타고 활동하지만 마스크를 쓴 사람들로 가득히다. 이제 밝고 밝은 표정을 읽을 수가 없다. 눈은 여전히 휴대폰에만 집중되어 일상의 삶은 생동감이 없고, 오직 살기 위해 출근하는 모습처럼 보였다. 그 어디에도 삶의 질(Quality Of Life)은 발현되지도 않았고 환희 역시 없었다. 언제까지 이렇게 살아야 하는지?

여전히 나의 바람은 보다 많은 사람들이 출퇴근길이 밝고 환희에 찬 따뜻한 행복으로 가득했으면 좋겠다. 긴 구직 생활에서 어렵게 얻은 직장생활을 신나는 QOL로 마음껏 즐겼으면 좋겠다.

인간은 기본적으로 행복을 추구하는 존재다. 그래서 그리스 철학자 아리스토테레스도 행복은 인간이 추구해야 할 최고선이라고 하였다. 그런데 신나는 QOL은 노력 없이 그냥 거저 주어지는 것이 아니라 스스로 의지와 타인과의 조화로운 관계를 통해 가능하다.

인간의 최종 목적인 참된 행복, 즉 인간다운 삶으로의 귀환에 있다. 앞으로 호모 헌드레드(Homo Hundred) 즉 100세 시대다. 서둘러 다양한 지식과 실력을 갖춰야 직업을 유지할 수 있다. 필요에 따라 새로운 직업으로 환승하듯 갈아타야 하고 빠른 전환과 스마트한 선택이 매우 중요하다.

• 호모 헌드레드

100세 시대(Homo Hundred)란 그저 긴 수명만을 의미하지 않는다. 건강하게 잘 사는 웰빙(well being 심신의 안녕과 행복 추구)적 삶을 의미한다.

한번은 비즈니스 인문학 학습에서 직장생활에 관해 나눌 수 있는 시간이 있었다. 코로나19 이후, 새로운 직업관에 대해서 나눔을 가졌다. 그때 한 직장인이 말하기를, 이미 자신도 한 직장에서 한 직업의 개념은 없어졌다며 자신보다 어린 사람들은 직업의 경계가 무너져 여러 일을 갖고 있고 또 새로운 일을 준비하며 유연한 직장생활을 스마트하게 하고 있다고 하였다. 이제 스마트한 직장생활이 보편화 될 것이다. 그러므로 직장생활이 스트레스의 대명사가 되어서는 안 된다. 대신 신나는 QOL이 되도록 변화를 가져야 한다.

다시 창의적 인문학으로 귀환

연어의 귀환 이야기를 한 번쯤 들어봤을 것이다.

강(민물)에서 태어난 연어는 삶 대부분을 바다로 나가 삶을 보내고 죽을 때가 되면 태어난 곳의 '자기장애 관한 기억'을 이용해 다시 역행하여 돌아온다. 그리고는 새 생명을 낳고는 생을 마감한다.

우리도 흐르는 강물을 거꾸로 거슬러 오르는 연어들처럼 처음의 존재로, 초심의 때로, 내 인식을 넘어서는 역행의 결단이 있었으면 한다. 처음 결연의 귀환은 새로운 출발이기도하다. 귀환의 길에는 예상하지 못한 일들이 벌어지지만 그럼에도 불구하고 귀환한다.

바로 창의적 인문학으로 귀환(The Return)이다. 이는 코로나19 팬데믹 사회에서 진짜 직업 생존법이다. 건강을 지키는 것도 마음가짐이 중요하듯이 직업 위기를 극복할 최고의 무기는 바로 인문학이 추구하는 통찰적 올곧은 마음가짐이 중요하다.

야금술의 혁명

보통 미지의 것들을 대할 때 긴장되고 두렵지만 알게 되면 퍽 기대되며 행복하다. 미지의 존재는 인간을 자극하기도 하고 상상을 갖게 되어 대면하기를 기대한다. 결국 미지의 존재가 무엇이든 신묘한 기대와 새로운 도전을 유발하게 한다.

'구리'는 영어로 'Copper', 'Cuprum'인데 고대 지명 키프로스(라틴어: cuprum) 섬에서 유래되었다. 이곳에서 고대 카인족이 구리 광석을 얻었다. 훗날 〈페니키아〉라고 불리게 된 문명이 세워지게 된다.

구약성경에 보면 인류 역사에 카인의 후예라 불리는 카인족이 있었다(창세기 15:20, 4:22). 산을 숭배하는 카인족은 야금술이라는 위대한 혁명을 발견했다.(6천 년 전, 오늘날 시나이 사막이라는 곳에서 카인족이 살았다.)

야금술은(Metallurgy)은 바닷가나 강가에서 모래를 쳐서 금속을 얻는 기술이다. 당시 야금술을 사용해서 보석도 얻게 되면 비싼 값에 거래된다. 광석을 얻어 1000도씨의 높은 온도로 녹이는 야금술 기술은 위대한 혁명이었다.

대표적으로 카인족의 기술(광석--〉금속)은 석기에서 청동기로 넘어가는 금석병용기의 혁명을 이뤄냈다. 카인족을 오랫동안 연구한 제라르 암잘라그 교수는 카인족의 〈신〉은 - '대장간의 풀무가 내는 소리' -라는 신은 존재와 사물에 〈숨〉을 불어넣어서 그것들의 힘을 드러낼 수 있었다고 한다. 이는 신이 숨을 불어넣어 만물을 창조한다는 개념이다. 구약성경 '창세기'에 따르면, 하나님이 흙으

로 사람을 빚고 그 코에 생명의 숨을 불어넣어 사람이 생명을 갖게 되었다고 기록되었다.(창세기 2:7)

정확한 수치는 잘 모르지만 곤충학 연구에 따르면 인간이 지구에 존재하기 전보다 먼저 개미들은 거대한 돔의 형태를 띤 도시를 세웠다(약 1억 년 전). 인간은 개미들의 생존 전략에 궁금증을 갖게 되었다. 개미 연구자들은 개미들의 생존법으로 개미 사회는 아이디어 공화국이었기 때문에 가능했다고 한다. 여왕개미는 누구든 발상이 좋고 개미 사회에 도움이 되는 아이디어는 모두 수용했다고 한다. 그리고 지속적인 생존 사회를 위해 개미들 모두가 조화로운 협력을 한다.

이처럼 개미들의 생존전략과 조화로운 관계의 본보기를 우리 인간 사회가 잘 참고하면 좋겠다. 조직과 사회의 도움이 된다면 어떤 방법이든 좋은 아이디어를 제안하고 수용할 수 있는 환경이 되어야 할 것이다.

통섭적 사고

경제적 사정으로 인해 1학년 때 리즈대학(University of Leeds)을 중퇴한 애플의 창업자 스티브 잡스(Steve Jobs)는 창의적 기업인이지만 철학자이자 인문학자로도 불린다. 그는 리즈대학의 다양한 인문학 강좌를 청강하러 다녔다. 특히 붓글씨 강의(캘리그래피)에 푹 빠졌다. 이 붓글씨 교육은 훗날 매킨토시(Macintosh, 애플컴퓨터)를 만드는 데 큰 도움이 되었다고 말했다.

스티브 잡스는 기술과 인문학의 결합이 애플사의 성공에 크게 기여했다고 하였다. 한 예로 스티브 잡스는 2011년 아이패드2를 소개하면서 엄청난 말을 하였다.

"기술만으로는 충분하지 않다는 것, 그 철학은 애플의 DNA에 내재해 있다. 기슴을 울리는 결과를 내는 것은 인문학과 결합된 과학기술이라고 우리는 믿는다."

결국 기업들이 인문학과 융합하려는 시도가 중요하다. 인문학은 성장으로 가는 지름길이다. 그러므로 인문학 활용에 능하면 남다른 관찰과 성찰을 하게 된다. 외부에서 벌어지는 현상을 잘 관찰하여 포착하고, 내면의 깊은 곳까지 성찰하여 감지한다면 그것은 위대한 성과를 낼 것이다.

미국 아마존 본사가 있는 시애틀 방문

　인문학(人文學)은 기본적으로 통합과 통섭(consilence), 그리고 융합(Convergence)—통합: 물리적인 결합, 융합: 화학적 결합, 통섭: 생물학적 결합의 과정을 통해 통찰력(Insight)을 갖게 해준다. 여기서 통찰력은 깊은 깨달음이다. 또는 사물이나 현상을 관찰하여 문제나 위기를 예리하게 꿰뚫어 보는 능력일 수 있다.

　그다음으로 통섭(統攝 큰 줄기(통), 잡다(섭))에 대해 좀 더 논하고자 한다. 미국의 사회생물학 창시자 에드워드 윌슨이 처음 쓴 통섭(consilence)은 한마디로 지식의 대통합이다. 그리고 자연과학과 인문학을 연결하고자 하는 통합 학문이론이다. 사전적 뜻은 서로 다른 것을 한데 묶어 새로운 것을 잡는다.

앞으로 직업 생존을 위해 통찰적 통섭형 인재가 되어야 한다. 그래야 살아남기가 수월하다. 그러려면 어울리지 않는 여러 영역과 학문까지도 넘나들며 분석하고 협력하는 힘을 키워야 한다. 결국 통섭형 인재는 다양한 경계를 넘나들며 새로운 융합된 뭔가를 창출해낸다. 문제의 답을 찾아내어 신묘한 일을 벌인다. 그리고 앞으로 벌어지는 일들을 아우르는 실력과 기술을 갖춘다.

직업진로의 답을 제시

창작 콘텐츠 직업으로 이동

코로나19 이후 확실한 것은 모든 분야에서 필히 변화를 요구한 다. 심지어 삶의 방식과 태도까지 말이다. 이러한 사회에서 직업 생존을 위해 변화를 받아들이고 적응하는 기민함이 발휘돼야 한 다. 그럼에도 안이하게 생각하여 전통적인 근무 형태를 유지하려 고 한다면 모래성이 서서히 무너지듯 작아지고 낮아질 것이다.

다시 강조해 말하지만 기민하게 언택트 문화로 치고 나가지 않 으면 성장할 수 없다. 서둘러 재택근무, 화상회의, 온라인 교육, 곳 곳의 장소가 유연한 업무 공간이 되어야 한다. 더불어 부동산과 금 융, 소비문화 전반이 달라지고 의료 시스템은 획기적으로 바뀔 것 이며 대학교 학위 무용론이 거세게 대두될 것이다. 그 한 예로, 포 춘 100대 기업들이 대학교 학위를 요구하지 않고 자신의 분야의 기술 과정과 실력을 요구할 것이다. 여러 학자들은 미래 세계 절반 의 대학이 파산할 것으로 보고한다.

테슬라의 창업자 일론 머스크는 인공지능(AI) 팀의 직원을 모집 하면서 학위가 아닌 실력을 보겠다고 모집 공고를 냈다. 제4차 산업혁명의 대표적인 기업 테슬라(Tesla)는 미국의 전기자동차와 청정 에너지 회사이다. 그는 학위 없이 취업이 가능함에 일침을 가했다. "일하는 데 학위는 필요 없다. 대신 채용 시 실력을 보겠다."

제4차 산업혁명 시대에 최우선적으로 미래 직업진로를 찾아 한 가닥의 가능성이라도 있다면 새로운 직업을 찾아내는 것이다.

미래의 직업진로가 창작 콘텐츠 비즈니스로 이동하고 있다. 한 예로 유튜브 관련 직업은 폭발적으로 늘어났다. 앞으로 더 창작 콘텐츠 비즈니스는 크게 성장하게 될 것이다. 누군가 창작 콘텐츠 기술을 갖추고 있다면 좋은 일자리 창출은 늘어날 것이다.

얼마 전 알고 지내는 기업 CEO로부터 영상편집 경력자를 뽑고 있는데 연봉은 억대이니 경력자를 소개해달라는 것이었다. 이처럼 미래의 유망 직업이 창작 콘텐츠로 이동하고 있음을 알 수 있다.

앞으로 창작 콘텐츠는 계속적으로 유망한 일자리이다. 직업진로 역시 수월하다. 유튜버들이 큰돈을 벌고 있듯이 창작 관련 시장도 더 성장할 것이다.

디지털 노동 환경

현대 사회는 고령화 및 인구 감소로 주 52시간 기본 노동으로 삶의 균형을 맞추려는 추세이다. 기업들은 근로자의 노동시간 부족과 작업의 낮은 생산성이 중요한 문제로 대두되었다. 이에 대응하여 제4차 산업혁명의 다양한 기술들은 기업 전반에 활용되고 있다.

인간의 노동을 디지털 노동(Digital Labor)으로 대체하여 경쟁력을 높이고 있다. 로봇 프로세스 자동화(RPA)의 도입으로 기업의 문제해결과 경쟁력을 강화할 수 있게 되었다. 한 조사에 따르면 로봇이 업무 자동화를 운영하고 있다고 한다. 로봇 프로세스 자동화(Robotic Process Automation)란 사람이 수행하던 규칙적이고 반복적인 업무 프로세스를 소프트웨어 로봇이나 무인 로봇을 적용하여 자동화하는 것이다. 이는 저렴한 비용으로 빠르고 정확하게 업무를 수행하는 디지털 노동을 일컫는다. 그래서 단순하고 반복적인 일자리는 자동화로 바뀌었다.

챗봇(chatbot) 혹은 채터봇(Chatterbot)은 음성이나 문자를 통한 인간과의 대화를 통해 특정한 작업을 수행하도록 제작된 컴퓨터 프로그램이다. 1966년, 미국 MIT 인공지능(AI)연구소에서 처음으로 유명세를 탄 챗봇 'ELIZA'를 개발했다. 이는 큰 반향을 일으켰지만 사실 사용자 프롬프트와 스크립트 반응을 단순 일치시키는 것에 불과했다. 이후, 챗봇과 관련된 하드웨어와 소프트웨어의 분야 모두 수많은 연구와 개선이 이뤄졌고, 특히 음성인식과 자연어처리(NLP)가 두드러졌다. 대표적으로 구글의 구글 어시스턴스(Google Assistant), 아마존의 알렉사(Alexa), 마이크로소프트의 코타나(Cortana)등이 있다.

상담챗봇(Chat-Bot)의 성공사례를 보면 코로나19 이후 언택트 서비스로 채팅 상담이 늘어났다. 사람 없이도 컴퓨터 프로그램이 고객 문의에 대응하는 '챗봇' 서비스가 각광 받는 이유다. 챗봇은 쉽게 말해 사용자와 대화를 나눌 수 있도록 구현된 프로그램이다. 챗봇은 크게 인공지능형과 시나리오형으로 나뉜다. 인간처럼 음성과 문자를 식별하고 논리적으로 추론할 수 있는 기술로 인공지능형이다. 또 시나리오형은 사전에 정해진 답을 제공해주는 것을 의미한다.

카카오톡 챗봇은 카카오톡 채팅창 안에서 AI 서비스와 소통할 수 있다. 누구나 손쉽게 '카카오톡 채널'을 개설할 수 있게 되면서 챗봇이 활용될 수 있는 판이 더 커졌다. LG전자는 홈페이지에 챗봇을 도입해 제품 검색과 추천 등 상담 서비스를 제공한다. SSG닷컴은 챗봇으로 오늘의 운세와 타로점을 봐주고 행운의 컬러 등을 추천하기도 한다. 네이버 클라우드 전문 자회사 '네이버비즈니스플랫폼(NBP)'을 중심으로 AI와 챗봇 엔진 개발에 매진 중이다. SK이노베이션은 신입사원 지원자 상담용 챗봇 등에 적용했고 면접으로도 확대할 계획이다. 챗봇 주문 서비스는 시각적이고 상담 서비스는 즉각적으로 고객과 상담을 해주고 있다.

그러므로 자동화 사회 속 디지털 노동을 준비해야 한다. 인공지능(AI) 분야에 관심을 갖고 일자리를 준비하거나 기술을 갖추어 고유한 직업에 융합할 필요가 있다.

무인 키오스크

키오스크(kiosk)는 터치스크린을 눌러 주문하고 결제하는 비대면 무인(無人) 시스템이다. 주로 상품을 주문하고 결재가 이뤄지면 편리함을 제공한다.

유럽에서 20세기 전후로 길가에 전면이 개방된 작은 박스형 가게들이 설치되면서 이들을 키오스크라고 부르기 시작했다. 키오스크 시장이 커지고 있는 것이 사실이다. 비대면 무인발권기, 무인포스, 무인점포, 무인시스템, 무인결제기 등이 확대되고 있다.

효율적인 정보 서비스를 제공해 누구나 손쉽게 이용할 수 있다. 키오스크는 업무 효율성과 비용 절감 효과가가 좋아 모든 장소에서 활용이 가능하여 더욱 성장하게 될 것이다.

키오스크 관련 직업으로는 무인발권기, 무인포스, 무인점포, 무인시스템, 무인결제기 등이 있다.

더불어 QR코드가 크게 확대되었다. 개인 정보와 건강 상태를 제공하고 있다. QR코드로 신분을 등록하고 입장하는 것은 더 일찍 표준화되어야 했다. QR코드 관련 직업으로는 QR코드 신분증, QR코드 기기, QR코드 상품 등이 있다.

4부

미래 직업과
새로운 일자리

1

대체할 수 없는
없어지지 않을 직업

 # O2O(online to offline)

O2O는 제4차 산업혁명의 대표적인 기술로 온라인과 오프라인이 결합된 비즈니스 모델이다. IT 기술로 현실과 사이버를 융합한 기술을 의미한다.

인공지능 시인

앞으로 내 일자리를 계속 유지할 수 있을까?

청소년들의 희망 직업 1위는?

대학생들의 취업 1위는 과연 무엇일까?

    인공지능 시인 샤오이스(Xiaoice)는 2014년 중국 MS에서 만든 소셜 챗봇이다. AI는 이제 신문기사를 넘어 소설과 시도 창작한다. 2017년 5월 인공시인 샤오이스를 활용해 AI가 작성한 시를 모은 시집 '햇살은 유리창을 잃고(Sunshine Misses Windows)'를 출간했다.

    2016년 2월 구글은 미국 샌프란시스코 전시회와 경매에 인공지능 '딥드림'이 그린 그림들을 전시하고 경매에 붙였다. 그림들은 화화로 약 1억 2천만 원에 낙찰됐다. (기사: 미국 중앙일보 http://m.ny. koreadaily.com/news/read.asp?art_id=8234848)

    이는 빠르게 인공지능(AI)이 인간 고유의 창작 영역까지 침투하고 있음을 말해주는 것이다.

    다음 글은 인공지능이 생성한 시이다.

the sun is singing (해는 노래합니다)

the sound is raining (소리는 비내립니다)

I will catch you (난 당신을 잡을 겁니다)

don't look at you (당신을 보지 마십시오)

you are the sky (당신은 하늘이고)

you're beginning (당신은 시작입니다)

(출처:arXiv, 미국 코넬대학교에서 운영하는 무료 논문저장 사이트)

AI로 대체될 수 없는 직업

빠르게 변화하는 고객의 니즈를 잡으려면 기술보다 먼저 사고의 전환이 필요하다. 스타벅스가 세계적인 기업이 될 수 있었던 것은 커피의 맛만이 아니라 시대적 전환이 가능했기 때문이다. 스타벅스가 경영위기에서 벗어날 수 있었던 요인으로는 고객과의 소통의 변화를 꼽는다. 한 예로 고객이 사이렌 오더(SirenOrder)를 통해 미리 주문을 하고, 매장이나 드라이브 스루(Thru)로 바로 음료를 받게 했다. 이는 O2O(Online to Offline) 서비스 앱으로 주문과 결제까지 마친 후 매장에서 제품을 받을 수 있는 서비스이다. 이는 모두 5G 기술이 확산되면서 디지털 인프라가 가능하게 되었다.

직업의 중요 특징은 안정성에 중점을 둔다. 우리나라 한국고용정보원과 LG경제연구원에서 발표한 일자리 방향 보고서에 따르면 2025년에는 취업자의 50-60%가 일자리를 얻을 수 없다고 한다.

코로나19 이후, 먼저 사라질 일자리의 기준이 무엇일까, 반면 오랫동안 생존할 직업은 무엇일까? 제4차 산업혁명으로 인해 내 일자리를 빼앗아 가는 것은 아닐까?

요즘 일상의 삶은 더 편리하고 단순화되어가고 있다. 결국 모든 분야에서 편리하고 단순한 일자리가 먼저 사라질 수 있다는 의미이다. 단순한 직업은 누구나 쉽게 할 수 있고 잘 보이며 따라 할 수 있기 때문이다. 그러므로 단순 일자리와 비숙련 노동은 로봇이나 인공지능, 새로운 기술로 대체될 수 있다.

그런데 오랫동안 생존하는 직업은 잘 보이지도 않고 복잡한 처리를 거쳤기에 따라 하기도 힘들다. 깊은 사색이 담겨져 있기 때문이다. 이를테면 창의성이 강조되는 직업들, 그리고 사람을 대하는 품위적 직업들은 여전히 그 가치를 인정받으면서 대체될 수 없는 직업으로 여겨지고 있다.

아무튼 직업도 거듭 진화가 필요하다. 미래 직업이라고 해서 갑자기 툭 뛰어나와 생기는 것이 아니다. 하고 있는 직업과 일이 융합되어 발전하고 더 나은 직업으로 경쟁력을 갖추는 것이다. 그래서 진화의 변화는 10년 단위로 바뀔 수 있다. 그러므로 꾸준히 직업에 변화를 주어 발전시켜야 한다.

바야흐로 인공지능(AI, artificial intelligence)과 로봇, 자동화, 무인 시스템화가 일상의 소소한 부분까지도 간섭하고, 예술적 행위까지 넘어선 상황에서 내 일자리를 가지려면 필히 무엇을 준비해야 할까? 물론 AI가 창작 활동에도 참여하고 있지만 정작 창작력을 갖추어 설득하고 감정을 자극하며 감동을 주어 행동을 취하게 하려면 시간이 더 필요하다. 아직 기술은 사람의 마음과 감정을 이해하기는 힘들다. 그러니까 단순 반복 직업과 비숙련 노동은 기술로 대체 가능하지만 인간의 사고와 감정을 다루는 창작 직업은 좀 더 시간이 필요하다는 의미이다.

이를테면 건강 분야, 간호사, 종교인, 문학가, 개그맨(웃음), 스토리텔링, 디자인 등의 분야는 아직 기계가 넘볼 수 없는 직업군들이다. 고유한 새로운 직업군도 계속해서 생겨나고 있다.

• 인공지능

인공지능(AI: artificial Intelligence)은 인간의 기억, 지각, 이해, 학습, 연상, 추론 등 인간의 지성을 필요로 하는 행위를, 기계를 통해 실현하고자 하는 학문 또는 기술을 총칭한다. 지능을 갖고 있는 기능을 갖춘 컴퓨터 시스템이며, 인간의 지능을 기계 등에 인공적으로 구현한 것이다.

AI를 활용한 스마트 사회

사회는 급격하게 공공기관, 기업, 시민 그리고 개인에 이르기까지 디지털 역량을 강화하고 있다. 이는 생존 경쟁력을 결정짓는 핵심요소이기 때문이다. 더욱이 코로나19 이후 언택트의 확산 및 디지털 전환 가속화 속에서 더욱 확산될 것이다.

세상은 온통 취업이 관건이다. 그런데 대기업 취업에 응시하면 많은 사람들이 응시하다보니 서류전형에서 무더기로 퇴짜를 당하는데 서류를 검토하는 시간은 고작 평균 5초라고 한다. 5초 후에는 힘들게 작성한 취업서류가 휴지통으로 들어간다. AI는 5초면 채용 업무 1차 서류를 처리한다.

그리고 IoT(Internet of Things)의 활용 범위는 다양하다. 세상은 이미 IoT를 활용한 스마트 시티 사회로 바뀌었다. 기업과 산업 분야에서도 적용하고 있으며, 특히 정부 기관에서도 IoT를 활발하게 활용하고 있다.

IoT는 사물에 센서를 부착해 실시간으로 데이터를 인터넷으로 주고받는 기술이나 환경을 일컫는다. 앞으로 미래 사회는 IoT를 여러 분야 즉, 농업, 유통, 물류, 환경, 교통에 이르기까지 확대 적용할 것이다.

사물인터넷 분야의 직업진로를 위해서는 1년 정도의 프로그램과 기술을 배워 전문지식을 갖춰야 한다. 크게 프로그래머, 네트워크, 시스템, 그리고 정보보안으로 나눌 수 있다.

빅데이터 전문가

미래의 최고 자산은 데이터이다. 곧 국가 경쟁력이 된다.

'빅데이터(big data)'라는 용어는 펜실베이니아 대학교의 경제학자 프랜시스 뒤볼드가 2000년에 처음으로 사용했다. 빅데이터 직업진로는 미래의 융합시대에 다양한 분야와의 결합으로 새로운 가치 창출이 이루어질 것이다. 빅데이터 관련 직업진로가 좋은 분야이다.

빅데이터는 기존 데이터 프로세싱 방식을 넘어선 대규모의 정형, 비정형의 복잡한 데이터에 대한 분석 기술이다. 또한 조직의 내 외부 데이터를 수집하고 분류하며 분석을 통해 의미 있는 결과를 분석하는 것이다. 통계학 기반의 정보기술로 내부 및 외부 데이터를 활용하여 분석하는 데이터 과학이다. 데이터는 인재, 기술, 자금, 원재료 등과 함께 조직의 자원이다. 빅데이터 활용 분야로는 금융, 유통, 제조, 의료, 공공 등의 분야에서 적용하고 있다.

다양한 데이터를 수집, 저장, 검색, 공유 분석, 시각화하는 업무이다. 또한 규모, 다양성, 복잡성, 속도의 증가 측면에서 활용이 확대되고 있다.

빅데이터 전문가는 거의 모든 분야의 기업에서 내/외부 데이터를 이용하여 분석하고, 기업 경영에 도움이 되는 정보를 만들어 제공한다. 따라서 빅데이터 직업진로를 보면 의료 데이터에서 활용으로 병원과 기업, 정부 기관, 공공기관 등에서 업무에 적용될 것이다. 특히 입지분석, 유동인구 분석, 상권분석, 민원분석, 상담 분석, 교통 분석, 도서대출 분석, 안전 분야 분석, 문화 관광, 행정업무 등에 빅데이터를 활발히 적용하고 있다.

5G 기술 연결사회

세계는 바야흐로 5G 이동통신의 치열한 경쟁 사회다. 5G 기반이 되는 통신 네트워크는 필수적인 요소가 되었다. 5G 기술과 설비 등 분야가 발전하고 있다. 5G 통신장비 시장을 목표로 삼아 직업진로를 준비하는 것도 좋은 대안이다. 앞으로 자율주행차, AI, 빅데이터, 로봇, 드론, IoT, AR, VR 등 모든 디바이스가 5G와 연결되는 초연결 환경이 된다.

5G 직업진로 분야로는 제조 스마트 공장, 지능형 교통 시스템, 의료 스마트 병원, 스마트 교육, TV 홈쇼핑, 항공안전기술, 스마트 농업 등 새로운 일자리가 창출하게 된다.

가장 빠른 디지털 학습 진입

온라인 교육의 혁명

한국은 코로나19 이후 디지털 학습을 세계에서 가장 빨리 적응한 나라이다. 사실 이렇게 단시간 내에 원격수업 적응을 보여준 나라가 없을 정도다. 구글 클래스룸(구글 클래스룸〈Google Classroom〉은 구글이 학교를 위해 개발한 무료 웹 서비스로, 종이 없이 과제를 만들고, 배포하고, 점수를 매기는 것을 단순화하는 것을 목표로 한다. 구글 클래스룸의 주요 목적은 교사와 학생 사이의 파일 공유를 간소화하는 것이다.〈위키백과〉)

과 화상회의 앱인 줌(Zoom) 등의 사용을 누구나 쉽게 활용하는 나라가 됐다. 온라인 수업은 순식간에 언택트 사회로 진입했다. 그러면서 학력 파괴라는 새로운 디시털 학습이 자리를 잡았다. 미래의 원격교육을 5년은 앞당겨버렸고 실습과 실험까지 척척 온라인 학습으로 처리하고 있다. 이는 온라인 교육의 혁명이다.

지금 디지털 학습은 우리의 교육 환경을 송두리째 미래로 옮겨 놓았다. 원격으로 수업하는 법, 시간을 활용하여 학습하는 법, 교사와 친구와 대면 없이도 상호작용하는 법 등을 모두 익혀 디지털 수업을 보편화해 버렸다. Z세대들은 오히려 원격학습을 더 선호한다. 그리고 Z세대와 알파세대는 인공지능 교사를 더 선호한다.

앞으로 학위, 학력, 대학 졸업 등을 요구하지 않고 기술과 능력으로 우선 채용할 것이다. 학력이 그다지 중요하지 않은 분야에서는 대학 학위를 요구하지 않는다. 대신 학원과 전문교육기관에서 습득한 기술과 지식을 인정함으로써 일 할 수 있는 기회는 더 많아질 것이다.

외국의 경우 IBM, 구글기업은 이미 기술 우선 채용을 실시하고 있다. 더 이상 대학 학위를 요구하지 않는 대표적인 기업이다.

무크(MOOC) 수강

이제 평생교육의 시대다. 모든 산업이 디지털 혁신과 재창조를 겪고 있다. 특히 IT와 온라인 환경 속에서 누구나 쉽게 직무 처리가 가능해졌다.

무크(MOOC)는 온라인 공개수업(Massive Open Online Course)이다. 웹 서비스를 기반으로 이루어지는 상호 참여적, 거대규모의 교육을 의미한다. MOOC의 특징은 수강 인원의 제한 없이 누구나 온라인 환경에서 학습할 수 있는 공개강좌(Course)로 세계 명문 대학의 강의를 무료로 수강할 수 있다.

온라인으로 명문 대학의 강의를 듣고 배울 수 있으며 학위와 자격증도 취득할 수 있다. 고가의 등록금을 내지 않고도 약간의 비용만 지불하면 교수의 피드백이나 수료증을 받을 수 있다.

한 예로 외국의 명문대학교를 우등으로 졸업했음에도 일자리를 잡지 못하자, 학교에 소송을 낸 사례도 있다. 그렇다보니 학생들은 비싼 수업료를 내면서까지 학위를 따려고 하지 않는다. 학교들은 재빠르게 고액의 등록금을 내리고 있는 중이다.

코로나19 이후 팬데믹은 대학에 먼저 위기로 상륙했다. 이제 좋은 대학과 유명한 교수의 강의가 온라인 수업으로 투명해졌기 때문이다. 따라서 위기를 맞은 대학들은 학교나 교수의 이름으로 학위를 따는 시대는 지났다. 온라인 교육으로 누구나 명문대 교육을 받을 수 있게 되었고, 온라인 수업의 평준화를 가져다주었다. 오프라인 교육은 좁아지고 유명 명문대 온라인 교육은 더욱 확대될 것이다.

세계 최고 수준의 대학들, 이를테면 스탠퍼드, 하버드, MIT, 예일, 프린스턴, 펜실베니아, 듀크 대학 등의 교수진들이 참여해 교육 서비스를 제공하고 있다. 어느 기간 내 학점을 이수하면 정식 학위까지 받을 수 있다. 현재 200여 개 국가에서 240만여 명의 학생들이 동영상 강의를 시청하고 있다. 코로나19 이후 강좌 수는 증가했다. 분명 미래 사회 인재 교육과 학교 수업은 온라인과 원격수업으로 더욱 확산되어질 것이 분명하다.

현재 온라인 수업은 IT 기술을 활용하여 학생들이 선생님과 준비한 강의안을 집이나 타 공간에서 볼 수 있고 줌(Zoom) 등의 소통을 실시한다. 실습 과제나 실습 상황까지도 온라인으로 실시간 이루어지고 있다. 결국 기술 기반의 교육은 미래 대학의 경쟁력이 될 것이다.

대부분의 교육은 온라인 교육으로 바뀌었다. 카카오TV, 유튜브 교육, 밴드라이브, 줌, 카톡, 화상 등 온라인 교육 비중이 증가했다. 줌과 스카이프와 같은 화상회의 플랫폼을 이용해 언제 어디서나 회의와 미팅, 교육, 대화 등이 가능하다. 자료를 화면으로 보면서 실시간으로 학습과 회의를 진행하고 있다.

요즘 디지털 세대들은 온라인 교육을 더 선호하고 있다. 앞으로 교육의 디지털화는 더욱 보편화 되어 다양한 교육의 기회를 누릴 수 있게 될 것이다. 분명 온라인 자격증 취득과 디지털 학습은 많은 사람들이 일자리를 준비하는 데 유용하며 경제적 기회를 찾는 데도 요긴한 역할을 할 것이다.

앞으로 화상회의 플랫폼 줌(Zoom)을 활용한 온라인 강의와 화상회의, 온라인연수 그리고 다양한 활동이 이루어질 것으로 본다. 참고로 줌(Zoom)은 화상회의 서비스를 제공하는 미국 기업 '줌(Zoom) 비디오 커뮤니케이션'이다.

새롭게 떠오르는 직업진로

구독경제 붐

구독경제란 소비자들이 매달 구독료를 내고 물건이나 서비스를 제공받는 개념이다. 코로나19 이후, 언택트 소비가 확산되자 급격하게 구독경제(subscription economy)가 증가 하고 있다. 특히 제4차 산업혁명 기술과 맞물리면서 구독경제의 범위가 확장되고 붐을 일으켰다. 이렇게 구독경제가 증가하는 것은 제품이나 서비스가 소유에서 공유(경험) 즉 소비의 중심으로 바뀌었기 때문이다. 앞으로 다양한 소비자의 니즈를 맞춰 지속적인 관계를 맺기 위해서는 구독경제 서비스를 제공해야 한다.

요즘 소비 패턴 변화와 1인 가구 증가로 구독경제 대박을 치는 개인과 기업들이 급격하게 많아졌다. 구독경제는 일정액을 내면 사용자가 필요한 물건이나 서비스를 주기적으로 받는다. 무제한 스트리밍 영상을 제공하는 미국 넷플릭스(Netflix)의 대성공 이후 다른 분야로도 확산되고 있다. 국내는 대표적으로 코웨이, SK매직, 웰스 등이 역대 최고 수준의 매출증가율을 높였다.

이러한 현상은 1인 가구 증가와 공유 경제 확산으로 매출이 늘어난 것이다. 앞으로 구독경제 붐에 따라 더욱 성장할 것으로 본다.

그래서 구독경제 서비스를 대기업뿐만 아니라 유명 백화점, 편의점, 기업, 프랜차이즈점 등에서도 참여하고 있다. 분야로는 신문, 잡지, 화장품, 식음료, 반찬, 정수기, 비데, 안마의자, 영화, 음악, 음식, 커피, 식당, 명품의류, 승용차, 꽃, 배송, 동물 등 모든 분야에서 서비스를 제공하고 있다.

더 급격하게 성장하는 OTT 플랫폼

제1차 세계대전에서 적군들의 참호를 점령하고 그 참호에 올라서면 병사들이 외치는 말이 있었는데 "Over The Top"이다. 'OTT' 말이 여기서 유래했다. 뜻은 '대담한, 지나친' 등, 한마디로 인터넷을 기반으로 다양한 콘텐츠를 제공하는 서비스를 뜻한다.

코로나19는 현대사회에서 세계대전 1차, 2차보다 더 큰 사건이다. 전 세계 전 분야에서 대대적인 위협을 받았고 변혁을 하였다. 한마디로 온 세상이 전쟁터를 방불케 하는 난장판이 되었고 판이 완전히 바뀌었다. 적어도 이 상황이 2년은 더 유지될 것으로 전망된다.

미래는 급속히 디지털 트랜스포메이션(Digital Transformation)로 바꾸고 있다. 코로나19 이후, 모든 분야가 5년은 앞당겨지게 되었고, 특히 건강과 수명 연장, 스마트 시티, 라이프스타일, 경제와 일자리, 온라인 교육, 환경과 에너지, 산업기술, 홈콕, 미디어 스트리밍 등의 분야에서 급격하게 변화되고 있다. 특히 코로나19로 인해 가장 큰 수혜를 본 분야 중 하나가 미디어 스트리밍이다. 즉 OTT 시장이 급격하게 성장하고 있다. 이는 스트리밍(streaming) 시청 방식이다.

현재 OTT 시장은 미국이 압도적으로 점유하고 있다(60%). 그다음으로 중국이 급격히 성장하는 추세이다. 세계 OTT 매출은 2019년 기준 850억 달러(한화로 약 100조 원) 정도다. 앞으로 5년 후 200조 매출이 오를 짓으로 예측한다.

OTT 서비스는 기존 인터넷망으로 편리하고 값싸게 콘텐츠를 제공한다. 즉 셋톱박스(TV의 Set Top Box)의 기능을 넘어서 제공되는 서비스이다. OTT 서비스로 언제 어디서나 드라마나 영화, 애니메이션 등 원하는 콘텐츠를 받을 수 있다. 대표적인 OTT 서비스는 넷플릭스, 애플TV, 유튜브 등이 있다.

• 높은 연봉 직업진로 자세 3가지

1. 조화로운 인맥을 넓힐 필요가 있다.

2. 경험을 통한 탁월한 실력을 갖춘다.

3. 작업 처리 및 서비스 신뢰를 제공한다.

• 구직사이트

업워크, 피플퍼아워, 프리랜서, 위워크리모틀리, 리모티브,

해커 파라이스, 코보트 등에서 직업을 얻을 수 있다.

2

'파이어족'으로 생겨난
새로운 일자리 창출

- **초지능**(superintelligence)

우리는 인간보다 스마트한 AI초지능 사회에 살고 있다. 인간은 미래를 완전히 예측할 수는 없지만 AI초지능은 어느 정도 미래를 예측하여 앞으로 일어날 일들을 대처할 수는 있다. 바로 초지능은 인간의 두뇌를 뛰어넘는 지능을 가진 AI 기술을 의미한다.

- **초연결**(Hyper – connectivity)

미래 사회를 초연결 사회라고 말한다. 초연결 시대는 인간과 둘러싼 환경적 요소들이 상호 간 연결되어 새로운 성장 기회와 창의적 가치창출이 가능한 시대를 말한다. 즉 사람과 도시, 집, 자동차, 건물 등을 하나로 묶는 초연결 사회이다.

미래 직업의 종말과 새로운 일자리

_ 유수불부(流水不腐)

'흐르는 물은 썩지 않는다'

변신력의 위력

사실 세계사에서 영국이 19세기 초까지 최강의 경제 국가였다. 그래서 이름도 대영제국(British Empire)이었다. 그러나 산업경제 강대국으로서의 영국은 미국과 독일에 밀리게 된다. 심지어 일본에게도 뒤쳐졌다.

이처럼 영국이 뒤쳐진 주된 이유는 바로 미래사회를 읽지 못했고 새로운 변화에 대해 거부적이었기 때문이다. 즉 새로운 변화에 대한 변신을 갖추고 있지 못하였다. 앞으로 기업과 개인의 변신력(Dynamic Capability)이 혁신적 가치다. 놀랍게도 살아남은 기업들의 비밀은 변신(Transform)이었다.

앞으로 미래 사회는 세계적인 흐름에도 불구하고 옛 전통과 낡은 고정관념에서 벗어나지 못하고 변화를 수용하지 않는다면, 새로운 기술혁명에 따른 사회적 의식구조로 변신하지 못한다면 스스로 도태되어 결국 붕괴하고 말 것이다.

옛 속담에 "허물을 벗지 않는 뱀은 죽는다"라는 말이 있다. 세계에서 최고의 창고형 경영을 하고 있는 월마트의 창업자 샘 월튼(Sam Walton)은 입버릇처럼 "성공하기 위해서는 항상 변화의 최전선에 있어야 한다"고 말했다. 즉 변화에 민첩하고, 빠른 변신력을 가져야 생존할 수 있음을 의미한다.

부디 제4차 산업혁명 시대에 큰 성장을 기대한다면 미래 사회를 예측하고 준비하여 끊임없는 변신을 추구해야 한다. 그래서 일찍이 경영철학에서는 리엔지니어링(re-engineering)이라는 말을 자주 강조한다. 이는 경영기법의 근본적인 재설계를 지칭한다.

다양성의 힘

참으로 좋아하는 책 〈로마인 이야기〉는 일본의 유명한 여성 작가 시오노 나나미(鹽野七生)가 쓴 베스트셀러이다. 그녀는 로마가 그렇게 오랫동안 서양을 지배하면서 군림할 수 있었던 힘을 한마디로 지배민족의 다양한 문화를 존중하고 좋은 것은 받아들였기 때문이라고 하였다. 나는 미국의 강대함을 직접 확인하고 배워보고 싶은 마음에 미국을 자주 방문한다. 결국 미국의 강대함은 세계 도처에서 끊임없이 유입되는 다양한 인재들로부터 나오는 게 아닐까 생각한다.

지금 우리는 다양성(多樣性, Diversity)이 매우 중요한 시대에 살고 있다. 다양성은 매우 적극적인 자세에서 발휘된다. 미국이 노벨상 수상자가 많은 것은 여러 요인 중에 으뜸은 바로 다양성 덕분이라 생각한다. 실로 다양성은 길러져서 뛰어난 창의력을 발휘하게 된다. 우리나라가 미국인보다 IQ가 뛰어나지만 창의적이고 혁신적인 결과가 부족한 것은 다양성 결여 때문이다.

다양성 결여는 개인과 조직의 창의력과 혁신을 뒤처지게 하며 국가 간 경쟁력의 격차를 가속하게 만든다. 그러므로 내일의 청년들은 다양성을 포용하여 창의적 가치로 만들어야 한다. 더 많은 사람들의 다양성을 통한 창조가 필요하다. 분명 다양성은 창의적 사고의 발판을 마련해주고, 기존의 것에 안주하기보다는 새로운 미래의 것을 받아들여 경쟁력의 격차를 좁혀 나가게 해준다.

그러면서 교육의 무형자산과 가치 있는 지식이 새로운 일자리를 창출하는 기회를 갖게 해준다. 남아프리카 공화국 대통령 넬슨 만델라는 "교육은 세상을 변화시킬 수 있는 가장 강력한 무기"라는 말을 한 적이 있다. 그래서 유대인들에게 무형의 최고 자산인 교육을 통한 '지식'과 '기술'은 생존의 도구였다. 그들의 성공 핵심요인으로 어린 시절부터 부자의 꿈을 심어주는 경제교육이 바로 좋은 예이다.

결단의 기적

더 이상 단순한 직업인으로 살아가는 시대는 생존력이 없다. 직업을 소명의식(Calling)으로 품고 살아가야 한다. 일명 천직 의식이다. 세계적으로 유명한 변증가요 연설가인 기네스(Os Guinness)는 〈소명The Call〉이라는 책에서 소명의식을 멋지게 말했다. "소명의식이란 당신의 인생의 중요한 목적을 발견하고 성취하려는 것이다." 그래서 앞으로 생존력 있는 시대는 단순히 양(quantity)의 시대가 아니라 질(quality)의 시대로써 아주 질적인 변화로 성장을 원하고 있다.

확신하건대, 이 책을 읽고 또 반복하여 습득하면 어떤 식으로든 성장을 이루지 못할 것이 없을 것이다. 풍성한 결실은 물론이고 평소보다 더 나은 성장과 수입을 올리게 된다. 그러므로 지금 현실에 안주하지 말고 철저히 시대의 흐름을 받아들여 근본적인 변화를 통해 나만의 큰 매력으로 만들어야 한다.

덴마크의 실존주의 철학자 키에르케고르(1813-1855)는 성장을 이렇게 표현했다. "결단을 통한 도약이 우리를 성장하게 한다(development by decision)." 지금 결단하자, 큰 도약이 있을 것이다.

우리는 도약의 기적을 열렬히 기원하고 있다. 변혁적 리더가 되어 미래를 읽어 철저히 준비하고 변화를 통해 성공적 인생으로 바꾸기를 말이다. 현대 경영학의 아버지로 불리며 일찍이 지식 노동자(knowledge worker)가 살아남을 것을 주장했던 피터 드러커(Peter Drucker)가 말하듯이, "19세기는 거대 기업의 시대다, 20세기는 정부 권력의 시대였다면, 21세기는 공동체의 시대로 혼자서는 안 되며 함께 협력해야 한다. 21세기는 상호협동의 시대이다." 즉 융합(convergence)을 의미한다.

지금 결단하여 근본적인 변화(radical change)를 통해 옛 생활습관과 낡은 사고방식을 버리고 새로운 혁명적 변화를 포용하여 재창조의 기적을 만들라. 인류 역사상 가장 훌륭한 과학자인 아인슈타인은 기적에 대해 말하기를 "세상을 사는 방법에는 두 가지가 있다. 기적이란 없다고 믿고 사는 것과, 모든 것이 기적이라고 믿고 사는 것이다. 나는 후자를 택하기로 했다."

미래의 충격

　최근 어느 여론조사 기관에서 "21세기의 가장 중요한 가치는 무엇이라고 생각하는가?"라는 문항으로 조사를 하였다. 현대인들의 최고 관심사는 바로 '건강과 행복한 가정'이었다. 경제적 풍요나 사회적인 성공은 그다음 순으로 나타났다.

　지금 사회는 변화와 혼란으로 더욱 하루하루 예측할 수 없는 사회가 되었고, 과학기술과 환경오염, 무역 전쟁, 인구 감소 등으로 인한 여러 곳곳에서 붕괴 현상이 일어나고 있다. 특히 신종코로나19 팬데믹으로 경제와 삶은 최악의 상황에 놓여있다.

세계적 미래학자 앨빈 토플러(Alvin Toffler)
이미지 출처 : 구글 인물
http://www.dailytw.kr/news/
photo/201606/13824_20125_615.jpg

　세계적인 미래학자 앨빈 토플러는 2008년 9월 한국에서 열린 아시아태평양 포럼에서 한국의 과열된 학업 풍습에 다음과 같이 평했다.

　"한국의 학생들은 하루 15시간 동안 학교와 학원에

서 미래에 필요하지 않을 지식과 존재하지도 않을 직업을 위해서 시간을 낭비하고 있다."

앨빈 토플러(1928-2016)는 1980년 출판한 '제3의 물결(The Third Wave)' 등에서 인류는 제1의 물결(농업혁명), 제2의 물결(산업혁명)을 거쳐 제3의 물결인 정보화 혁명으로 가고 있다고 예견했다. 또 〈미래의 충격(Future Shock), 1970〉이라는 책을 통해 21세기는 새 기술의 발달, 급격한 가치관의 변화, 물밀 듯 밀려오는 정보의 홍수 때문에 현대인들은 많은 충격을 받을 것이라고 예견해 주었다. 그런데 예측대로 현대사회는 그대로 되어 가고 있다.

보라, 미래를 내다본 앨빈 토플러의 예측은 현실로 증명되었다. 한 예로 지식사회, 디지털 혁명, 권력 이동, 기업의 구조 변화, 환경변화 등 모두를 예측했다. 그러면서 낡은 사고방식과 낡은 신조는 더 이상 현실에 부합되지 않는다고 하였다.

앨빈 토플러의 말이 오래도록 남는다.

"미래에 필요하지 않을 지식과 존재하지도 않을 직업을 위해서 시간을 낭비하고 있지 않은가?"

트렌드를 읽는 세대

이제 100세 시대다. 열심히 일만 해서 돈을 버는 시대는 지났다. 미래에는 정년을 보장하는 직장도 없고 평생직업이 없다. 대신 단순 노동은 로봇이나 인공지능(AI), 무인 시스템이 일을 대체한다. 그래서 풀타임 근무나 정년퇴직이라는 개념 자체는 사라지고 은퇴라는 말은 없어지게 되며 긱 이코노미(Gig Economy) 시대가 도래할 것이다. 누구든 미래사회의 변화를 받아들이는 사람과 그렇지 못한 사람 간에 격차가 점점 더 벌어지게 된다.

여전히 이골나게 듣는 말이 제4차 산업혁명과 미래 일자리이다. 이는 미래 직업과 삶을 의미한다. 그러면서 1980-2000년경에 태어난 밀레니얼 세대(Millennial Generation)가 번듯한 직업을 잡으려 해도 잘 잡히지 않는 현상을 포함한다. 이들은 돈보다 자기계발과 가치 있는 삶을 중시하고, 자기가 원하는 시간에 일하는 것을 더 선호하며, 노동에서 일과 생활의 균형을 매우 중요시한다. 긱(Gig) 일자리를 꺼리지 않는다. 이들은 아침 일찍 노트북을 들고 카페, 도서관, 공원 등에서 일할 때도 있다. 시간에 얽매이는 것을 싫어한다. 그뿐 아니라 낮에 헬스장에 다녀오고, 점심시간에 친구를 만나고, 휴가도 자유롭게 사용한다.

이제는 직업을 구하는 것이 아니라 사회가 노동 인력을 산다. 마치 백화점에서 물건을 보고 사듯이 말이다. 현대 경제사회는 분기점을 지나 미래 사회로 진입하여 초지능, 초연결, 딥러닝 그리고 인공지능(AI)이 지배하는 사회가 되었다.

다시 말하지만 이 책은 경영학과에서 오랜 시간 함께 직업진로와 빠르게 변하는 세태, 그리고 경영 트렌드를 읽고 연구하는 두 교수가 미래 사회를 대비하여 새로운 일자리 창출에 도움을 주고자 쓰게 되었다. 그렇기 위해서는 다음의 미래 직업을 이해해야 한다. 지금 경제 트렌드 세터가 변하고 있다. 빠르게 변하는 세태와 사회적 분위기를 읽어야 한다. 그래야 경제 트렌드를 파악하여 새로운 일자리를 창출할 수 있다.

'파이어족'으로 생겨난 일자리 도전

유행의 속성은 한마디로 변화이다. 흔히 유행은 소개, 성장, 성숙 그리고 쇠퇴의 사이클을 밟는다. 유행은 다양한 아이디어와 문화를 미리 발견하는 것이다. 앞으로 생존력을 키우려면 트렌드워처(Trend Watcher)가 돼야 한다. 즉 현재의 징후들을 관찰하면서 미래의 트렌드를 예측하고 읽어내는 사람 말이다.

"스세권"이라는 신조어가 있다. 실로 스타벅스가 들어서면 주변 건물과 동네 시세가 상승하고 잠재적으로 가치가 올라가 투자 효과를 기대한다. 나아가 편세권(편의점 인근), 공세권(공원 인근), 몰세권(대형 쇼핑몰 인근) 등 다양한 라이프스타일의 변화가 일어난다. 또한 "페이크슈머"(가짜를 뜻하는 페이크fake와 소비자의 컨슈머consumer가 합쳐진 말이다.)라는 신조어도 있다. 많은 비용과 시간을 감당해야 하는 '진짜'대신, 비슷한 분위기를 내는 '가짜'를 택하여 소비하는 문화를 일컫는 말이다. 지금 내가 좋으면 그만! 개인의 개성과 만족을 중시하는 젊은 세대 소비문화의 산물이다.

이제 사라질 직업과 미래의 생존할 일자리의 기준 정도는 읽어내야 한다. 그러려면 우선 새로운 사고의 전환이 필요하다. 그리고 디지털 정보와 데이터를 처리할 수 있어야 한다.

요즘 젊은 세대들에게 '인생은 길다'라는 말은 옛말이 됐다. 대신 바짝 벌어 늦어도 40대 초반에는 은퇴하려는 '파이어족' 열풍이 한창이다. 파이어(FIRE)는 '경제적 자유와 조기 퇴직(Financial Independence Retire Early)'의 첫 글자를 따 만든 말이다. 이는 밀레니얼 세대를 중심으로 전 세계적으로 확산되고 있다. 이들의 은퇴 나이는 30대 후반이나 늦어도 40대 초반을 목표로 삼는다. 최대한 빠른 은퇴를 하기 위해 악착같이 절약 생활과 슬기로운 전략적 투자를 한다. 수입의 대부분을 저축하기 위해 극단적인 지출을 줄인다.

- **'H.O.M.E' 뜬다**

요즘 뉴노멀의 대표적인 화두는 언택트다. 다시 말해 뉴노멀 시대에 떠오르는 유망 키워드는 'HOME'이다. 이는 다음의 단어들 앞 글자를 딴 것이다.

'Healthcare, Online, Manless, Economy at home'

- 건강, 방역에 대한 인식 제고로 떠오른 '헬스케어(Healthcare)'
- 인공지능, 빅데이터, 5G 기술을 토대로 디지털 경제의 핵심이 된 '온라인(Online)'
- 방역 과정에서 안전성과 효율성이 검증된 '무인화(Manless)'
- 집에서 머무는 시간이 늘어나면서 형성된 '홈코노미(Economy at Home)'

3

긱 이코노미(Gig Economy)로
내일의 실업자 벗어나기

긱 워커

시시각각 변화하는 경제시대에 유연하게 대처할 수 있는

경쟁력이 바로 긱 워커(Gig worker)이다.

특히 디지털 전환과 인공지능(AI)이 많은 직업의 존속을 위협하는

가운데 창의력과 유연성이 최고의 필살기가 되었다.

끊임없는 평생 학습으로 단련된 긱 프리랜서,

프리 에이전트(Free Agent)만이 살아남을 수 있을 것이다.

살아남는 지식형 워커

직업과 행복 사이

흔히 숲을 가꿀 때에는 우선 많은 나무를 심는다. 그리고 시간이 지나 성장 과정에서 빛이 잘 드는 곳을 확보할 수 있도록 늘어나는 나무의 간격을 벌리기 위해서 솎아내기 때문에, 최종적으로 남은 나무는 보다 잘 자라게 되는 것이다. 즉 솎아내야 큰 나무로 자랄 수 있다.

미래사회 최고의 자산은 기업가정신이다. 정신(精神)의 중요성을 일컫는 고전 성어로서 '정신일도 하사불성(精神一到 何事不成)'이라는 말을 좋아한다. 여기서 '일에 집중하고 흐트러짐이 없는 마음과 정신으로 임하면 어떤 일이라도 다 이룰 수 있다'라는 뜻이다.

처음부터 해보지도 않고 몇 번 실패나 시행착오 없이 성과를 낼 수는 없다. 실패를 두려워하여 아무것도 하지 않는 것은 실패를 하는 것보다 훨씬 나쁜 태도이다.

우리 속담에 '평양 감사도 자기가 싫으면 그만이다'라는 말이 있듯이 자신의 직업이 삶에 끼치는 영향은 실로 지대하다. 누구나 쉽게 천직을 구별하는 법이 있는데 바로 일의 몰입이다. 자신이 선택한 직업에 시간 가는 줄 모르고 즐기고 있다면 그것은 천직으로서 발전시킬 수 있다. 또 분명한 사실 하나는 일이 사람의 삶을 바꾸어 놓는다는 것이다.

직업 상담전문가들의 일반적인 직업진로는 분명 한계가 있다. 통상적인 수치나 정보로는 결코 미래 직업을 시원스럽게 읽어 방향을 제시할 수 없기 때문이다. 이 문제를 해결하기 위해서는 창의적이고 혁명적인 수준의 관찰과 연구로서 대안을 제시할 수 있어야 한다.

사실 나에게 직업진로 문제는 생사 겨루기와 같다. 그래서 창업과 제조업, 직장생활과 금융투자, 부동산 등 현장 경험을 갖게 되었다.

직업진로에서 중요한 길이 하나 있는데, 바로 일로부터 얻는 즐거움이 커야 직업이 행복을 가져다준다. 이것이 직업과 행복 사이에서 선택되어져야 한다. 소득과 안정성은 그 다음이다.

독립한 경제 생존형

디지털 변화의 시대에 새로운 것을 활용하기 위해서는 지식화 작업이 꼭 필요하다. 지식화라는 것은 어느 특정한 상황에서만 사용할 수 있는 상태의 지식을 보편적인 지식으로 만드는 것이다. 과거의 성공사례 뿐 아니라 실패사례로부터 배우고 연구하여 지식화할 수 있다.

나는 실패학을 연구하면서 특히 낡은 공식을 가지고는 여러 문제가 생겨 실패할 확률이 높다. 대신 개인이 독립하여 스스로 생각하고 주체적으로 행동하여 변화시켜 나아가면 좋은 방향으로 나아가게 된다.

지금 창의적 사회에서는 딱히 성공모델이라는 것이 존재하지 않기 때문에 전환의 방향을 전혀 알 수가 없다. 분명한 것은 과거의 모델에 의존했다가는 파멸하기 딱 좋다는 것이다. 그래서 성공공식이란 뭐 특별한 것이 없다. 서둘러 새롭게 변하지 않으면 파멸된다. 그러므로 스스로 생각하고 판단하여 전환해야만 생존이 가능할 뿐이다. 누군가가 나아갈 길을 제시해주기를 기다리지 말라. 그 사람도 앞으로 나아가기가 버겁다.

그래서 나는 성공공식을 만들어 봤다. 어느 방향으로 나아갈 것인가? 스스로 결정해야 하는데 〈독립경제〉로 전환해야 한다. 독립한 경제인이 되기 위해서는 옛날 방식이나 낡은 사고의 태도들을 고집해서는 안 된다. 이제 지금까지와는 전혀 다르게 변화하지 않으면 안 된다. 어떤 사람에게는 매우 어려운 요구일 수도 있다. 그래도 생존하려면 변화해야 한다.

거기에다 폭넓은 시야를 가져야 변화에 맞설 수 있다.

독립한 경제인은 해답과 방향을 얻기 위하여 무작정 기다리는 것이 아니라 부단히 눈을 크게 뜨고 귀는 활짝 열어두고 주위와 공유하면서 스스로가 생각하고 판단해 움직이는 가운데 가장 좋은 해답을 도출해 낸다. 즉 인문학적 사색을 통해 매뉴얼을 자기 스스로 만들어낸다. 또한 변화하는 상황에 맞게 새롭게 바꾼다. 시간과 장소를 초월하여 열정적으로 활약한다.

그럼 전환을 위해 무엇을 해야 하는가?

모든 것이 전환되기를 요구되는 시대에 구체적인 해결책으로는, 타 기능에 실패가 반복되고 있는 이유를 찾아내야 한다. 상황과 여건에 불문하고 잘 전환하기 위해서는 날마다 생각을 바꾸고 경험하며 배운다. 더 나은 새로운 해결책을 모아둔다. 그리고 독립 경제인으로 생활한다. 스스로 생각하고 결단을 하며 행동한다.

AI 기술이 지배하는 세상

일의 미래를 읽으면 괜찮은 일자리를 갖게 된다.

미래를 예측하건대, 앞으로 30년 후 의사가 하는 일의 90퍼센트
는 인공지능이 대신할 것이다. 더불어 재창조에 전념해야 하는 시
대야말로 창의적 무형자산을 중요시하게 된다. 창의적 무형자산
으로는 지식과 기술, 데이터 그리고 건강과 가정, 원만한 인간관계
등이 있다. 그런데 과학기술이 고급 직업의 대부분을 지배하게 될
것이다.

인공지능(AI)에 의해서 미래의 의료와 의사의 역할이 진행되고
있다. IBM의 '왓슨(Watson)'이 세계 의료 시장에 진출하였다.

왓슨은 세계 최초의 의료용 인공지능(AI)으로 암 환자의 처방과
치료방법을 제시하고 있다.

지금 세계 경제를 보라, 미국과 중국 간 무역 전쟁으로 세계가
휘청거리고 있지 않은가. 앞으로 경제사회는 과학기술, 즉 인공지
능이나 생명공학이 기존의 사회와 경제 구조를 완전히 바꾸어버릴
것이다. 그래서 출퇴근이 없는 사회로 확대될 것이다. 특히 인공지

능이 의사와 같은 전문 직업을 대신하며 사람들과 상담을 할 것이다. 그리고 거의 무인 시스템과 자동화가 노동을 하게 됨으로써 많은 사람들이 일자리를 상실하게 된다.

따라서 이러한 위기의 시대에 내일의 실업자가 되지 않으려면 미래의 세대들은 더욱 창의적 노력을 해야 한다. 기성세대들도 마찬가지다. 물론 새로운 직업과 일자리도 출현될 것이다. 부디 미래 사회를 예측하고 대비하여 자신에게 딱 맞는 직업을 찾기 바란다.

긱(Gig) 경제시대

앞으로 지식 노동자는 최고의 자산이다. 지식 노동자 채용은 한 치도 의심할 필요가 없다. 또한 100세 인생으로 삶이 길어졌다. 그만큼 재정적인 문제를 해결하기 위해 일하는 기간도 늘려야 한다. 일하는 기간이 길어지면 고용환경도 급격하게 변한다. 길어진 삶을 보고는 영국의 수상이었던 윈스턴 처칠은 이런 말을 하였다. "앞을 내다보는 것은 언제나 현명한 행동이지만, 눈에 보이는 것보다 더 멀리 내다보는 것은 어려운 일이다." 사실 미래의 직업을 예측하는 것은 어렵고 불확실하지만, 그래도 미래를 예지해야 한다. 길어진 삶을 살아야 할 우리들에게는 미래의 사회와 노동을 예측하는 것이 아주 중요한 일이기 때문이다. 그래서 부단히 노력하여 최고의 지식 노동자가 되어야만 한다.

일찍이 '긱(Gig)'은 경제 분야 신조어다.

우리는 이른바 '긱 이코노미(Gig Economy, 임시직 경제)' 시대에 살고 있다. 노동의 미래를 예측한 결과, 긱 이코노미는 새로운 노동 트렌드로 기업들이 필요에 따라 단기 계약직이나 임시직으로 인력을 충원하고, 그 대가를 지불하는 형태의 경제를 의미한다. 긱 경제는 일상생활에서 출발하여 최근에는 의사, 변호사, 교수, 전문인, 컨설팅 등 전문 인력도 긱 경제에 참여하는 서비스로 변화하고 있다. 이는 새로운 일자리 마련으로 은퇴자, 전업주부, 투 잡 등 다양한 노동시장에 진입하게 되었다. 긱 경제는 모바일 기술과 정보 자동화, 인터넷 등으로 인해 기업에서 독립된 임시 노동자를 더 쉽고 폭넓게 쓸 수 있는 기회를 제공해 주었다.

이제 단기 노동자, 프리랜서, 외주 노동자, 프리 에이전시를 마치 직원처럼 대한다. 노동을 포함한 서비스도 온라인화 되었고 무인 시스템과 키오스크가 일반화되었다. 흔히 배달 서비스라는 독립노동은 타인의 간섭을 받지 않고 자유롭게 독립적으로 일한다.

그렇다. 지금 미래의 일에 관심을 갖고 준비한다면 얼마든지 직업을 얻을 수 있다. 그래서 이코노미스트 주간지는 10년 후 세계 인구의 절반이 긱 프리랜서로 살아가게 될 것이고 풀타임의 노동력은 로봇과 인공지능(AI)이 대신하게 되며, 기계가 공장 노동자의 일자리를 대체하더라도 새로운 일자리를 창출하게 된다고 하였다.

기존 직업의 방식 붕괴

요즘은 일하는 곳의 개념이 없어졌다.

긱 경제 사회에서는 거리 위에서 걸으면서 작업을 하고 업무를 수행한다. 또 벤치나 카페, 특정 공간에서 작업을 한다. 심지어 여행지나 현장 등 시간과 공간을 초월해서 자유롭게 일한다.

그렇다보니 실력을 갖춰놓지 않으면 내가 내일의 실업자가 될 수 있다. 지금 세상은 빠르게 단순직업의 종말을 맞이하고 있다. 그래서 평생 한 직장에 다니던 근무 방식이 아닌, 자유로이 이직하며 커리어를 높이는 방식을 택하는 사람들이 점점 늘어나고 있다. 직원이 공식적으로 퇴근 후 부업을 하고, 프리랜서로 다른 일을 갖기도 한다. 더 나아가 지금 하고 있는 분야와 무관한 자격을 준비하여 미래를 대비하는 사람들도 있다.

요즘 재택근무나 원격처리가 일반화되었다. 자연스럽게 푸드점이나 카페가 일터가 되어버렸다. 1인 사장들과 창업을 위한 협업 공간, 스터디 공간, 1인 비즈니스 룸 등에서 일한다. 마치 유목민처럼 장소를 옮기면서 일하는 디지털 노마드(Nomad)식 일하기 방식이다. 오전은 집에서, 오후에만 출근해 일하기도 한다. 얼마든지 온라인 환경으로 인해 업무나 각종 작업, 정보, 문서들을 사무실 서랍장 대신 클라우드(Cloud)로 옮기면서 일을 한다.

미래사회는 더 많은 사람들이 원격으로 일할 것이다. 회사가 직원을 출퇴근 가능한 한정된 지역에서만 채용하는 시대는 지나갔다.

일할 자리가 없는 사회

"이 세상에서 죽음과 세금 말고는 확실한 것이 없다." 어쩌면 벤저민 프랭클린이 했던 유명한 말처럼 이는 다가올 위기 등을 언급한 것일 수 있다. 1987년에 마거릿 대처 전 영국 총리는 "사회 같은 건 없다. 오직 개인과 가족이 있을 뿐이다"라고 말했다. 일본인 아라카와 가즈히사가 쓴 〈초솔로 사회〉에 보면, 2035년 인구 절반이 솔로가 된다고 예측한다. 즉 혼자 사는 것이 표준이 되는 사회가 온다는 의미이다. 1인 가구 속칭 '싱글족'이 증가하는 것은 유독 우리나라에서만 나타나는 특이한 것이 아니라 세계적인 현상이다. 그러므로 경영철학의 핵심은 새로운 경제사회의 출현에 미리 잘 대비하는 것이다.

인간이 장수할수록 홀로되기 쉬우며, 결혼 여부와 상관없이 누구나 마지막에는 혼자가 될 것이다. 아무튼 사람들은 다양한 이유로 솔로가 된다. 특히 지금 세대의 여성들은 높은 교육수준에다 경제적 독립성까지 지닌 세대로 결혼을 필수라고 생각하지 않는다.

앞으로 우리나라도 15년 후면 초솔로 사회가 될 것으로 전망한다. 인구는 감소하고 솔로가 늘어나고 있다. 미혼 증가는 젊은이들의 책임이 아니라 사회 구조적 문제이다. 또한 세계가 초고령화를 맞이하였다. 초고령화 사회는 진행되고 있는데, 일자리는 턱없이 부족하여 청년들이 채울 일자리는 거의 없어지게 된다. 곧 청년들이 일할 자리가 없는 사회가 다가오고 있다. 서둘러 평생 독립경제를 할 수 있는 역량을 갖춰야 할 것이다.

그리고 아주 빠르게 초솔로, 초고령화 사회가 확실히 도래했다. 그렇다고 두려운 미래가 아니다. 미혼과 독신, 1인 가구, 개인화, 저출산, 지역, 가족, 공동체, 건강 등의 미래사회를 읽고 준비하면 더욱 풍요롭고 행복한 삶을 살 수 있을 것이다.

솔로 사회에서 가장 중요한 요소로는 경제적 안정이다. 그렇기 위해서는 자신에게 딱 맞는 직업을 선택하여 소확행(작지만 확실한 행복)을 누리는 것이다. 그리고 기업들은 솔로가 주도할 새로운 소비, 새로운 경제사회를 읽고 대안을 세워야 할 것이다.

4

경력 억대 연봉자 찾음

돈의 인문학

돈을 벌고 싶다면 실물경제를 읽을 줄 알아야 한다.

뉴노멀 시대에 어떻게 현명한 투자 전략을 세워야 할지 힌트를 제
공한다.

사회경제사 학자인 에릭 홉스봄은 〈극단의 시대〉에서 "경제 붕괴
의 충격, 곧 대공황을 이해하지 않고선
세계 경제를 이해할 수 없다"라고 했다.

거대한 돈의 이동

지능의 척도는 변화하는 능력이다.

– 알버트 아인슈타인

언택트 경제로 이동

경제시장에서 긱 경제(Gig economy)는 필요에 따라 임시로 계약을 맺고 일을 맡기는 형태의 경제 방식을 일컫는다. 언택트 사회 속 긱 프리랜서 근무형태가 확산되고 있다. 미국의 아마존 기업은 살아남기 위해 동네 사람들을 긱 프리랜서로 고용했다. 경제시장은 무인 매장, 자동화된 창고, 자율주행, 배달용 밴 등 수억 명의 일자리를 앗아가게 될 신기술이 흐르고 있다.

한 예로 드론 경영을 보면 여러 가지 좋은 효율성이 따른다. 휘발유를 연료로 이용하지 않기 때문에 가스 배출을 하지 않는다. 당연히 기름을 절약할 수 있다. 그리고 아주 중요한 곳, 특수한 임무를 수행하기도 한다. 또 드론은 감시기능이 뛰어나다. 재난지역과 공사 현장을 점검할 수 있다. 결국 효과성과 비용 절감에 크게 도움이 된다.

거센 코로나19는 삶의 방식을 크게 변화시켰다. 가장 혼란스러운 분야가 경제다. 돈의 이동이 새로운 영역으로 바뀌었다. 다만 민감하게 변화하여 순응하면 온전하게 생존할 수 있다.

미래 산업사회는 실로 한 치 앞을 내다보기가 어렵다. 너무 빠르게 변화하기에 따라가기도 벅차고 미래를 예측하기도 힘든 것이 사실이다. 그럼에도 한 가지 분명하게 예측하는 것은 언택트 경제로 이동하고 있다는 사실이다. 사람들이 매장에 들어가서 원하는 것에 손만 대고 그냥 나온다. 그러면 다양한 칩과 센서들(지문, 인식기)이 고객의 계정과 연결되어 결제가 이루어지고 집에 도착하기도 전에 선택한 상품이 먼저 도착해 있다. 그래서 코로나19 이후 가장 먼저 위협받는 일자리는 단순 노동자와 블루칼라 노동자이다. 그러므로 직업 생존을 위해서는 변화의 속도에 따라 힘껏 달려가야 한다.

따라서 누구든 돈이 되는 직업이나 부의 일자리를 얻고자 한다면 우선 미래 직업을 읽고 패러다임의 전환이 필요하다. 미래의 직업과 근무형태는 긱 경제의 근무형태로 재창조된다. 이는 빠르게 인공지능과 무인 자동화 환경이 대폭 늘어나기 때문이다. 10년 후에는 현재 직업의 절반이 사라질 것이다. 지금 하는 업무와 일 처리에 필요한 지식과 기술은 인공지능과 로봇공학, 3D 프린팅, 자동화 기술, 빅 데이터, 무인시스템 등이 차지하게 된다. 결국 이러한 직업군이 부를 창출하게 될 것이다.

거대한 돈의 이동

코로나19 이후 가장 빠르게 움직이고 있는 것이 바로 돈이다. 현금 사용은 감소하고 대신 사이버머니, 디지털 화폐, 신용카드, 전자결제 등은 폭발적으로 크게 증가할 것이다. 이는 소비문화의 변화와 가상자산 블록체인 기술 덕분이다. 지금도 실물 돈의 이동이 빠르게 사이버머니로 옮겨가고 있다. 황급히 지폐나 동전은 사라지고 디지털 화폐나 사이버머니, 전자화폐로 전환될 것이다. 현금이 전통적인 산업 분야에서 빠져나와 다른 곳으로 이동하게 된다. 그것도 클릭 한 번으로 큰돈이 이동하는데, 현금이 아닌 사이버머니나 전자화폐로 이동한다. 이를 핀테크 경제라고 한다.

핀테크(Fintech)란 금융(Finance)에 IT기술(Technology)을 접목하여 복잡하고 어려웠던 금융을 효율적으로 편리하게 서비스하는 것을 의미한다.

블록체인(암호화폐)은 탈중앙화된 거래 화폐이다.

디지털 화폐를 관리하는 중앙기관이 존재한다.

전자화폐는 전자적으로만 교환되는 돈이나 증서다.

돈이 사이버머니로 이동할 수밖에 없는 이유는, 물음으로 답하겠다. '금리는 떨어졌는데 물가는 오른다. 그렇다면 현금을 은행에 넣어 보관할 필요가 있을까?'…, 앞으로는 돈을 은행에 넣어 두지 않을 것이고 곧 현금 없는 사회가 도래할 것이다. 거래는 모두 핀테크나 가상화폐로 이루어지게 된다. 왜냐하면 블록체인과 디지털 화폐는 간편하고 안전하기 때문이다. 돈의 휴대 개념이 없다. 그리고 익명성을 보장하고 거래 내역이 투명하며 경기침체에 영향을 받지 않는다. 또 경제적으로 화폐 제작비, 위조지폐, 탈세, 경제 동향 등 긍정적인 측면이 더 많다. 그렇다 보니 전 세계와 기업들이 서둘러 디지털 화폐를 적극적으로 개발하고 적용하고 있다.

가상화폐 이해

가상화폐는 전자화폐의 일종으로 네트워크를 기반으로 한 전자화폐, 실제 화폐의 가치로 교환 가능한 화폐를 의미한다. 중앙정부나 공공기관에 의해 발행되어 개인과 법인에 의해 지불수단으로 인정되는 전자적으로 이전, 저장, 교환되는 디지털 가치이다 (European Central Bank, 2015).

가상화폐의 종류는 다양하고 많이 있다.

전 세계적으로 1400종류 이상의 암호화폐가 발행되었으나 실제 거래되는 화폐의 주류는 비트코인, 이더리움, 리플 등이 거래량의 다수를 점하고 있다. 가상화폐는 공개키 암호기술을 기반으로 폐쇄형, 단 방향형, 쌍 방향형 가상화폐로 구분하고 있다.

폐쇄형 가상화폐는 한정된 온라인 네트워크상에서만 통용할 수 있다. 온라인 게임상의 거래되는 온라인 게임머니가 대표적이다. 이러한 폐쇄형 가상화폐도 일부 실물 화폐 가치로 환전되어 사용되기도 하지만 사용범위는 한정되어 있다.

단 방향형 가상화폐는 시중에서 구매해 돈이나 사이버상의 재화로 충전할 수 있고, 현실의 재화나 서비스까지 이용할 수 있지만, 환금가치는 제한적이다. 온라인과 TV홈 쇼핑몰의 마일리지, 항공사, 여행사의 마일리지, 카드사의 포인트 등이다.

쌍 방향형 가상화폐는 비트코인과 같이 온라인과 오프라인 모두 재화와 서비스의 거래가 가능한 사이버 캐시다. 일반 실물 화폐와 거의 동일하게 통용이 가능하며, 다른 가상화폐 유형보다 실물 화폐 가치에 따른 환금성이 높다. 비트코인, 이더리움, 리플과 같은 가상화폐와 eCash 등이 대표적이다.(김경회 외, 2020)

비트코인의 미래

비트코인(bitcoin)은 블록체인 기술을 기반으로 만들어진 온라인 암호화폐이다. 비트코인의 화폐 단위는 BTC 또는 XBT로 표시한다. 비트코인(BTC)이 최고가 경신과 반등을 거듭하고 있다. 앞으로 자산 대체투자로 암호화폐가 자리 잡을 것이다. 가상화폐와 블록체인 기술 연관된 직업들이 새로운 직업군으로 떠오르고 있다.

비트코인은 1세대 블록체인으로 송신자가 수신자의 전자지갑 주소와 보낼 비트코인을 입력하고 송신자의 개인키로 전자서명을 하여 비트코인 네트워크에 거래의 신뢰성을 부여하는 방식이다.

전 세계 수백만 명이 전자결제 페이팔(PayPal)을 사용하는 이유는 단 하나, 간편하기 때문이다. 그렇다 보니 페이팔이 암호화폐 비트코인을 사용하고 있는 것이다. 한마디로 앞으로는 돈이 간편 디지털 화폐(CBDC)로 대중화된다. 더욱이 핀테크의 발달로 현금을 사용하지 않게 된다. 이미 아마존 고(Amazon Go)와 우버(Uber)는 현금 없이 서비스를 사용하고 있다. 세계 시장은 가상화폐 비트코인을 돈으로 간주하는 추세다. 개인의 자산 말이다. 그러면서 모바일 결제 시장이 급성장하고 있다.

 2020년 이후 비트코인은 기관투자가들이 주도하고 개인투자자가 이를 지지하는 형태를 보이고 있다. 기관투자자들이 비트코인을 장기적으로 보유하기 위한 목적으로 인출을 시도하고 있어서 가상화폐(암호) 거래는 지속적으로 강 보합세로 흐를 것이다.

 그리고 제2의 가상화폐 이더리움은 블록체인 기술을 통해서 스마트계약의 형태로 전자적 거래가 가능한 가상화폐이다. 비트코인은 블록체인에 등록된 거래는 취소변경이 불가능하지만, 이더리움은 스마트계약 조건이 완료되기 전까지 내용과 상태의 변경이 가능한 장점이 있다. 이더리움은 비트코인처럼 발행 화폐 수가 한정되어 있으며 최대 6000만 개까지만 가능하다.

 따라서 가상화폐와 블록체인 관련 분야의 직업은 계속 성장하게 될 것이다. 암호화폐 시장의 선두인 비트코인은 거세게 오르고 있다. 취급되는 암호화폐는 대장주인 비트코인을 비롯하여 이더리움, 비트코인캐시, 라이트코인, 바이낸스코인(BNB) 등이 있다. 그래서 일찍이 가상화폐와 관련된 미래 유망 직업 분야를 추천하였다.

가상화폐 관련 미래 유망 직업

국내 가상화폐 시장이 커지고 기존 산업계에서 블록체인 기술 도입이 활발해지면서 전에 없던 직업과 일자리가 속속 생겨나고 있다. 가상화폐는 기존 화폐 시스템 문제에 대한 대안이며, 인터넷 기반 암호기술과 P2P(개인 간 거래)를 기반으로 하여 컴퓨터를 이용한 암호화 알고리즘으로 생성된다.

• 가상화폐 관련 미래 유망 직업 13가지

가상화폐 관련 S/W 엔지니어, 가상화폐 트레이더, 가상화폐 애널리스트, 가상화폐 개발자, 공인 가상화폐 전문가, 가상화폐 제품 매니저(공인), 가상화폐 거래소 관리직, 가상화폐 시스템 엔지니어, 가상화폐 클라우드 엔지니어, 가상화폐 자산 컨설팅, 가상화폐 관련 전문가, 비트코인 프로토콜, 비트코인 풀스택 개발자 등

국내외 금융, IT 업계, 스타트업 등 다양한 곳에서 가상화폐 및 블록체인 기술 경험을 가진 전문가들의 일자리가 넓어졌다. 가상화폐 관련된 산업으로 금융, 금융투자, 증권사, 핀테크, 법무, 기업 등 이러한 가상화폐와 관련된 다양한 분야에서 경력 억대 연봉자를 찾고 있다. 가상화폐 관련 직종은 기술적인 부분에만 그치지 않고 사업 개발과 마케팅, 영업, 고객 지원 등 넓게 적용될 것이다.

앞으로 가상화폐 관련 직종은 더 늘어나게 된다. 금융과 화폐의 변화와 미래 디지털 화폐의 이해가 미래 직업을 찾는 데 큰 도움이 된다. 자신의 적성을 파악하여 향후 직업진로 선택의 미학으로 작용하게 될 것이다.

278

액티브 러닝 비즈니스

언택트 시대 생존법

원래 라이프스타일(Life Style)은 사회학에서 명확한 정의 없이 사용되던 말이었다. 그러나 1963년 마케팅 분야에 최초로 도입되었고 마케팅뿐 아니라 소비자 행동과 패션, 리빙 등 다양한 분야에서 사용하고 있다. 개인은 기존 라이프스타일을 바꾸려고 노력하고, 조직도 구식이나 낡은 방식으로 일하고 있다면 디지털로 전환해야 한다. 그래야 직업이 미래에 살아남을 수 있다. 특히 조직은 모두 미래에 맞춰 움직여야 한다.

그러려면 기업 내에서 지속적인 교육을 꾸준히 하는 것으로부터 시작해야 한다. 교육에도 투자해야 하고, 미래의 디지털화에 목표를 정한다. 그리고 그룹으로, CEO와, 1:1 미팅도 진행하고, 다양한 창의적 생각을 가질 수 있는 읽을거리도 제공해야 한다. 또한 성공적 사례와 디지털 전략 관련 학습이나 강연도 듣도록 한다. 서로 배우고 활동하는 액티브 러닝(Active Learning)이 꾸준히 필요하다.

조직이 강력한 경쟁력과 특출함을 갖추려면 요즘 언택트 학생들처럼 언택트 비즈니스를 배우고 실천해야 한다.

코로나19 이후 사회적 거리 강화 조치로 재택근무와 언택트 비즈니스가 크게 늘어났고 효율성에서도 성과를 내고 있다. 특히 1인 창업이나 비즈니스 시작을 주로 재택에서 시작하고 있고 기업들도 무기한 재택근무를 선언하고 있다.

더 일찍이 여러 기업들과 특별한 기관에서는 재택근무 (Telecommuting)를 시행해왔었다. 재택근무는 전화기가 나온 이후부터 일정 수준의 업무를 집에서 처리했다. 그리고 인터넷이 확산되면서 재택근무는 마치 IT기업의 상징처럼 여겨지기도 했다.

이제 일을 집에서만이 아니라 카페나 도서관, 스터디 공간에서 일을 처리하고 사무실로 활용하고 있다. 일할 공간만 있으면 시간에 구애 없이 일을 한다. 그리고 창업을 하거나 일 처리 업무공간을 제공하는 공유오피스(coworking space)에서 업무를 해결한다. 이곳에는 복사기, 팩스, 상담실, 강의실, 간단한 음료, 신문 등 모든 업무환경이 마련되어 있다. 하지만 재택근무 확산의 효율성도 있지만 우려 또한 만만치 않다. 우선 사람들과의 소통과 나눔, 그리고 사회생활의 태도 등 감동적 삶이 줄어든다. 사무실 근무보다 집중력과 협력적 모색, 신비한 창의적 기획력 등이 떨어져 생산성을 더 높일 수 없다. 그러나 개인의 여가활동과 여유 시간을 늘릴 수 있다는 장점이 있다.

퍼스트 무버

소위 새로운 언택트 시장에서 생존하려면 시장에서의 위치선점을 해야 한다. 퍼스트 무버(first mover, 시장 개척자)란 새로운 제품이나 기술을 빠르게 따라가는 전략 또는 새로운 분야를 개척하는 창의적인 선도자를 의미한다. 실제로 애플의 스티브 잡스가 스마트폰이라는 스마트한 기술을 사람들에게 선물해 주었다. 따라서 이제부터는 우리가 앞서나가 남보다 먼저 시장을 선점하는 퍼스트 무버가 되어야 한다.

코로나19 이후 급격한 디지털화와 IT기술의 변화 속에 살고 있는 기업들이 살아남으려면 현재에 안주하지 말고 사업의 운영방식에 큰 변화를 주어야 한다. 그리고 디지털 전환의 빠른 적응이 필요하다.

필요시 매너를 갖춘 대면 관계는 신체의 면역체계를 강화시켜 준다. 그러므로 언택트 사회에서 강한 대면 관계를 갖기 위해서는 디지털과 IT기술을 적극적으로 활용해야 한다. 이는 시공간까지도 제약할 수 있다.

플랫폼 노동 사회에서는 유연한 근무 시간으로 업무와 개인 생활을 조화롭게 할 수 있다. 또한 기업은 탄력 근무제로 직원을 유지하고 결원을 대체하는 데 드는 많은 비용도 절약할 수 있어 근무 시간을 자율적으로 조정하고 있는 추세이다. 여성과 유아를 돌봐야 하는 경우 효과적이다.

이러한 탄력 근무제를 효율적으로 활용하기 위해서는 적절한 디지털 솔루션들이 필요하고 사용할 수 있어야 한다. 필요시 원격 처리로 업무를 공유하고 문제를 해결해야 한다. 기존의 업무가 유지될 수 있도록 노력해야 하고 생산성이 떨어지지 않도록 해야 한다. 그러나 근태 관리 등 책임 있게 솔선수범한다. 근무 시간, 복장, 마음가짐도 중요하다. 스스로 통제할 수 있어야 하며 필히 재택근무 가이드라인을 만들어 운영해야 할 것이다.

드라이브 스루(drive-thru) 소비

언택트 소비 트렌드가 무엇일까?

바로 편리한 소비를 말한다. 편리한 소비는 1930년대에 미국에서 먼저 시작하였다. 드라이브 스루 커피, 식당, 은행, 진료, 극장, 편의점, 호텔 등으로 확장되어 가고 있다.

드라이브 스루(drive-through, drive-thru)는 주차하지 않고도 손님이 상품을 사들이도록 하는 사업적인 서비스의 하나이다. 언택트 사회가 되면서 드라이브 스루는 더 성장하고 있다. 특히 스타벅스 드라이브 스루(Drive Thru)는 고객이 주차를 하지 않고 차를 탄 채로 스타벅스의 최고 서비스를 편리하게 이용할 수 있는 서비스이다.

또한 워킹-스루(Walking-Thru) 경제도 확장되어 가고 있다. 분명 다양한 창의적 워킹 스루 방식의 산업이 크게 발전하게 된다. 이는 모두 고객의 요구와 소비 패턴이 변화하고 있는 상황에 신속하게 언택트 산업이 잘 대처하고 있다는 좋은 사례이다.

새로운 디자인적 사고

흔히 디자인(Design)은 '지시하다' '성취하다' '계획하다'라는 뜻의 라

턴어 '데시그나레(Designare)'에서 유래했다. 그러므로 디자인은 '외형적인 아름다움'보다는 '실용적이고 기능적인 문제'를 해결해나가는 과정이다. 쉽게 말해 '문제를 해결하기 위해 설계를 바꿔 나가는 것'이 디자인(Design)이다. 그래서 디자인 씽킹(Design Thinking 디자인적 사고)은 디자인 과정에서 디자이너가 활용하는 창의적인 전략이다. 또한 문제를 더 폭넓게 해결할 수 있고 이용할 수 있는 접근법이다. 그리고 사람들의 요구를 충족하기 위하여 실행 가능한 사업전략이 고객 가치와 시장 기회로 바꿀 수 있는 디자이너의 감각과 방법을 말한다.

한 예로 에어비앤비(Airbnb)의 공동 창업자 세 명 중 두 명은 디자이너 출신이다. 내가 분석한 에어비앤비의 성공은 디자인적 사고, 창의력, 감수성이 비즈니스에 접목되었을 때 좋은 효과를 낼 수 있다는 점을 보여준 좋은 성공 사례 중 하나다.

2008년 샌프란시스코의 세 청년이 에어비앤비(Airbnb)를 설립했다. 에어비앤비는 10년도 채 되지 않아 300억 달러에 이르는 기업가치를 가진 글로벌 숙박 업체로 성장했다. 물론 이전에 없었던 혁신적인 아이템이 주요 성공 요인이었지만, 셀 수 없는 변수가 쏟아지는 세상에서 끊임없이 위기를 극복하고 성장할 수 있었던 가장 큰 이유는 바로 '디자인 씽킹(Design Thinking)'에 있었다.

이 디자이너의 문제 해결 방식은 스탠퍼드대학교의 디-스쿨 (D-School)에 따르면 공감하고 문제를 정의하고 이를 해결하기 위한 아이디어를 도출하고 시제품을 제작하고 사용자 테스트를 진행하는 단계를 거친다. 이를 디자인 씽킹의 5단계라고 할 수 있다.

• **디자인 씽킹의 5단계**

1. 공감하기 -〉 2. 문제 정의하기 -〉 3. 아이디어 만들기 -〉
4. 프로토타이핑 -〉 5. 테스트(평가)

5부

평생 부자로 사는 투자법
돈의 인문학

플라이휠 효과
직업진로의 답을 찾다

플라이휠 효과

플라이휠(Flywheel)은 세계 1위 아마존을 키워낸 무한동력이었다.
처음에는 휠을 돌리기가 힘들지만 탄력을 받으면 일관된 방향으로
스스로 돌아가는 힘을 발휘한다.

선순환 바퀴가 돌게 되면 돌수록 볼륨도 커지게 마련이다.
그런데 플라이휠을 더 빠르게 돌리는 동력은 바로 '저비용 구조'와
'더 낮은 가격'이었다.

아마존의 패러다임

옛것이 새것에 길 내주기

지금도 거대한 오프라인 강자 기업 월마트와 온라인 강자 기업 아마존이 비즈니스 전쟁을 벌이고 있다. 세상에서 가장 돈이 많은 기업을 놓고 말이다.

'창조적 파괴'라는 용어를 처음 사용한 경제학자 조지프 슘페터(Joseph Schumpeter)는 자본주의 중심에는 창조적 파괴가 필요하다고 주장했다. 그는 자본주의 사회의 경제적 진보란 일대 소란을 의미하며 새로운 기술이 기존 방식과 충돌을 일으켜 한쪽이 소멸되는 소란일 수 있다고 말했다.

부디 당신이 그 창조적 파괴의 소란을 일으키는 혁신가가 되기를 바란다. 슘페터의 말처럼 창조적 파괴의 지속이 경제성장을 계속하여 견인하게 될 것이다. 이게 자본주의의 모습이다.

보라, 세계에서 가장 영향력 있는 경영 사상가 짐 콜린스(Jim Collins)는 〈좋은 기업을 넘어 위대한 기업으로〉 책을 저술했다. 그는 끊임없는 개선의 톱니바퀴 즉 '플라이휠' 이론이 아마존 성공의 초석이 되었다고 말한다. 아마존처럼 성장을 지속하고 싶다면 창조적 파괴의 혁신을 통해 옛것이 새것에 길을 내주어야 한다.

명품 그룹 루이비통 모엣 헤네시가 소유한 세계 최대 화장품 소매업체 세포라(Sephora)가 뛰어난 우위를 확보할 수 있었던 것은 바로 새로운 기술을 활용하였기에 가능했다.

세포라는 고객에게 즐거움을 주기 위해 다양한 기술 시스템을 끊임없이 연구하고 추진했다. 한 예로 디지털 장치를 이용하여 쇼핑 고객의 얼굴을 스캔하고 정확한 피부색을 포착한 다음, 립스틱, 파우더, 아이 라이너, 파운데이션에 대한 최적의 색조를 자동 계산한다. 그리고 세포라는 대화식 페이스북 카탈로그와 화장품을 가상으로 사용해볼 수 있도록 앱을 개발하였다.

그렇다면 세포라 기업의 성공 비결은 무엇일까?

일종의 실제 체험 서비스를 제공했기 때문이다. 그리고 데이터 분석 이론으로 개별화된 서비스를 제공한다. 이는 모두 IT와 소셜 미디어를 활용하는 데 있어서 선두에 있었다.

베조노믹스(Bezonomics)

2019년 전 세계에서 가장 영향력 있는 최고 경영인 1위는 트럭 짐꾼으로 시작한 더글러스 맥밀런(Doug McMillon) 월마트 CEO이다. 그런데 그는 오로지 실력만으로 말단에서부터 최고 CEO자리까지 오른 인물이다. 더글라스 맥밀런은 물류창고에서 물건을 내리는 임시직원으로 시작하여 차근차근 승진해 2014년 월마트의 최고 CEO자리까지 오른 실력파다. 그가 최고 CEO가 되어 시작한 첫 번째 혁신 전략은 낡은 이미지를 벗기 위해 매장 리모델링을 시도했고 그다음은 온라인 사업의 확장이었다.

조지타운 대학교의 베이커 센터에서 사람들에게 가장 신뢰하는 기관이 어디인지를 물어보았다고 한다. 대부분 아마존을 가장 신뢰한다고 대답했다. 실로 아마존을 신뢰하는 사람들은 무척이나 많다. 그래서 지금까지 세상에서 존재했던 기업 중에서 가장 똑똑한 기업을 아마존(Amazon)이라고 부른다.

아마존의 창업자 제프리 베조스(Jeffrey Preston Bezos)는 '베조노믹스'라는 새로운 IT기술을 개발하여 고객이 무엇을 원하는지를 제공한다. 역사상 가장 정교한 인공지능 기반 사업 모델의 핵심을 발견하고 그것을 '베조노믹스(Bezonomics)'라고 이름 붙였다. 이는 미래 비즈니스의 패러다임을 뒤바꾼 아마존 혁신 경영의 비밀이기도 하다.

2019년 기준 세계 브랜드 가치 순위에서 아마존은 애플과 구글을 제치고 1위를 차지했다. 그 주요 원인 중 하나가 시간을 절약할 수 있고 불필요한 비용을 지출하지 않기 때문이었다.

아마존은 디지털 기반의 기술 등을 활용한 업무 능력역량을 향상시키기 위한 다양한 변화를 갖추고 있다. 그리고 디지털을 활용해 환경을 개선하고 새로운 변화를 시도했다. 또한 디지털 역량을 갖춘 인력 확보를 최우선 과제로 삼고 있다.

결국 거대 두 기업의 1차 전쟁(월마트:아마존)에서 월마트가 밀린 이유를 디지털 트랜스포메이션(transformation) 즉, e-커머스와 디지털화를 최우선 순위에 두지 않았음에서 찾아볼 수 있다. 앞으로도 후회하지 않으려면 기존의 업무 방식을 새로운 문화 라이프스타일에 맞게 바꿔야 하는 것을 최우선 과제로 삼아야 한다.

먼저 치고 나가는 마케팅

그래서 우리도 직업적으로 생존하려면 아마존처럼 행동해야 한다. 세계에서 가장 큰 소매 기업 월마트는 미국 내 매장만 4,800개에 달한다. 해외에는 6,000개에 달하는 매장을 가지고 있다. 그에 반해 아마존은 550개 매장에 불과하다. 숫자로만 보면 아마존은 작아 보이게 된다. 하지만 아마존의 먼저 치고 나가는 마케팅에 당해 문을 닫은 기업들이 많다. 한 예로 월마트는 제트닷컴의 창립자이며 아마존 출신의 마크 로어(Marc Lore, 2016년) 인재를 영입하고 회사를 인수했다. 인수 금액은 한화로 약 3조 6500억 원이라는 월마트가 창립된 이래 최대 규모의 금액이다. 그리고 마크 로어는 e-커머스 최고책임자가 된다. 하지만 제트닷컴 서비스를 4년 만에 중단했다. 개인 맞춤 쇼핑 서비스 제트블랙조차도 사업을 종료했다.

현재는 미국 전체 온라인 소비의 40% 이상을 장악하고 54%의 유료 회원 서비스 역량을 갖춘 아마존 기업을 이길 강자가 보이지 않는다. 수많은 기업들이 아마존으로 인해 무너졌고 'To be amazoned(아마존에 당하다)'라는 신조어를 만들어냈을 정도다.

아마존의 강점은 일찍이 쌓은 경험과 노하우였다. 그리고 온라인 고객들로부터 얻은 방대한 데이터도 있었다. 또한 아마존만의 앞선 독특한 전략과 혁신적인 아이디어가 큰 강점이 되었다. 무엇보다도 아마존이 유통 거래 강자가 될 수 있었던 것은 이익이 생기면 무조건 기술과 교육에 재투자하는 전략 때문이다. 지금도 벌어들이는 족족 재투자하고 있다.

그렇다면 아마존을 따라잡기 위해서는 아마존이 제공하고 있는 방식에서 벗어나 차별화해야 한다. 아마존조차도 경쟁하기 어려운 전략을 추구해야 한다. 기술적 우월성도 함께 개발해야 아마존과 같은 기업들이 지배하는 세상에서 살아남을 수 있다.

아마존의 플라이휠

경영 관련 고전의 반열에 오른 저서 〈좋은 기업을 넘어 위대한 기업으로Good to Great〉의 저자는 저명한 짐 콜린스(Jim Collins)이다. 이 책은 20세기 가장 영향력 있는 경제경영 도서이기도 하다. 그래서인지 아마존의 제프리 베조스는 스탠포드 대학교 짐 콜린스 교수에게 자문을 받아 플라이휠을 만들어냈다. 〈좋은 기업을 넘어 위대한 기업으로〉에서 기업 운영을 자동차 부품 플라이휠에 빗댔다. 아마존은 플라이휠을 무기 삼아 특허만 6000건을 출원했다.

플라이휠(Flywheel)은 '떠 있는 바퀴'라는 뜻으로 성장을 만드는 선순환의 수레바퀴를 의미한다. 처음에는 휠을 돌리기 위해 많은 힘이 필요하지만, 한 번 탄력을 받으면 스스로 돌아가며 에너지를 가하지 않아도 지속적으로 돌아간다. 어느 순간 돌아가는 속도가 빨라지고 엔진이 힘을 받아 일관된 방향으로 계속 돌면 스스로 돌아가는 힘을 발휘하게 된다.

베조스는 10년 후에도 변하지 않을 3가지 요소가 있다면 1)가격, 2)다양한 상품, 3)빠른 배송이라고 말한 바 있다. 한 예로 플라이휠의 경쟁력으로 주문 후 1시간 내 배송과 무인 계산이 되는 아마존고(Amazon Go)를 시도하고 있다.

플라이휠은 시간이 지나면서 멈출 수 없는 모멘텀(운동량)으로 앞으로 나아가면서 변화를 만든다.

이쯤에서 스스로에게 던져봐야 할 물음이다. 내가 가진 플라이휠에 직무를 접목하여 추진력을 가속화 할 특정 기술을 가지고 있는가?

추진력을 얻을 수 있는 기술이 없으면 플라이휠은 활용할 수 없기 때문이다.

베조스는 아마존이 플라이휠처럼 지속적으로 돌아가게 운영하고 있다. 플라이휠 패러다임은 아마존의 문화다. 이는 전통적인 방식이 아니라 하이테크에 바탕을 둔 성장을 의미한다. 서서히 축적된 성과가 누적되어 다음 단계 도약의 동력이 되는 선순환의 고리를 말한다. 결국 아마존이 세계에서 가장 위협적인 기업이 될 수 있었던 것은 바로 플라이휠 추진력 덕분이다.

그러므로 성장하려면 혁신을 추구하며 창의적이고 지속적인 모멘텀을 가져야 한다. 아마존의 플라이휠을 조직적이고 지속적으로 개선하였기에 성장할 수 있었다. 이제 인공지능(AI)의 플라이휠을 작동시킨다.

제프리 베조스는 스탠포드 대학교 짐 콜린스 교수에게 자문을 받았고, 아마존은 '플라이휠' 전략을 앞세워 전자상거래 시장을 장악했다.

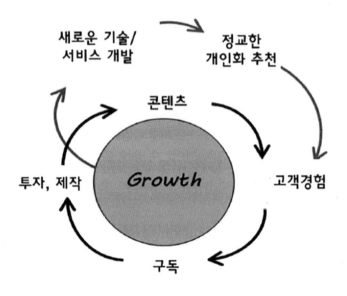

아마존의 플라이휠
(그림 출처: 구글 이미지, 도서 '아마존웨이')

〈실천 과제〉 자신의 플라이휠 그리기

다음 아래에 당신의 비즈니스 모델 혹은 회사의 플라이휠이 적용되고 있는가? 어떤 요소가 포함되어 있는지를 그려보고 설명한다.

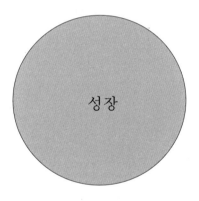

세상에서 가장 부유한 베조스

일찍이 나는 세계 1위 기업 아마존의 제프리 베조스에게 끌려 시애틀에 위치한 본사 건물을 여러 번 방문했다. 그는 자기만족이 없으며 끊임없이 강렬한 추진력을 요구하고 있다. 단언하건대 아마존은 빅데이터와 인공지능(AI)의 위력에 힘입어 강력한 기업으로 훨씬 더 강력해지면서 더욱 성장하게 될 것이다. 그 이유로 AWS를 보면 알 수 있다. AWS(Amazon Web Services)는 안정성이고 확장 가능하며 저렴한 클라우드 컴퓨팅 서비스 때문이다. 무료로 가입할 수 있으며 요금은 사용한 만큼 지불하면 된다.

아마존의 AWS는 클라우드에서 안전하고 확장이 가능한 컴퓨팅 용량을 제공하는 웹 서비스이다. 웹과 모바일의 애플리케이션, 빅데이터 프로젝트, 소셜 게임, 모바일 앱에 이르는 거의 모든 물리적인 컴퓨팅 자원을 클라우드를 통하여 실행할 수 있는 다양한 인프라 및 애플리케이션 서비스 집합을 제공한다.

약 65만 명이 근무하고 있는 아마존은 새로운 산업에 투자를 잘한다. 2003년에 AWS를 창립하고는 10년에 걸쳐서 웹 애플리케이션을 개발했다. 그 결과 오늘날 AWS는 세계에서 가장 규모가 크고 단연 두각을 나타내는 클라우드 컴퓨팅 기업이 되었다. 당시 AWS 사업은 먼 미래를 보고 결정하였다. 지금은 아마존에서 가장 수익성이 높은 사업 부문이 되었다. 2019년 기준 AWS는 시가총액 5,000억 달러가 넘는 것으로 추정된다. 이는 아마존의 시가총액의 절반이 넘는 금액이다. AWS는 가장 포괄적이고 심층적인 AI 및 기계 학습(머신러닝) 서비스와 이를 지원하는 클라우드 인프라를 제 공하는 기술로는 세계 최고의 도구이다.

아마존은 계속하여 새로운 사업을 늘리고 있다. 하나로 원격 의료 부문에도 뛰어들었다. 지금 미국은 아마존의 헬스케어 서비스를 받고 있다. 그런데 의사 처방 없이 약을 살 수도 있고, 어떤 의사와 미팅을 할 것인지도 인공지능을 통해 이용할 수 있다. 그리고 아마존은 금융 분야까지 투자하여 운영하고 있다. 전기자동차 제조회사에도 투자했고 또 플렉스라는 플랫폼을 운영하고 있으며, 드론 배달도 시험하고 있다.

제프리 베조스는 엄청난 철학적 말을 하였다.

"엄청난 수익을 얻으려면 대다수의 사람들이 하지 않는 것을 해야 한다."

장기적인 전략을 세운 기업은 5년, 10년 혹은 15년 뒤에는 밝은 미래를 맞이하게 될 것이다. 그러니 미래에 부를 얻고자 한다면 속히 혁신적 결단을 통해 장기적인 계획을 세우고 먼 미래를 내다보면서 무엇을 할 것인지를 결정하고 행동하기를 바란다.

앞을 내다 본 프로젝트

미국 텍사스주 극서부에는 제프리 베조스의 소유인 약 3억 7000만 평 크기의 농장이 있다. 그가 이 목장을 소유한 이유가 뭘까?

이 곳에는 베조스의 미래 프로젝트 아마존 우주개발 기업 블루오리진(Blue Origin)의 로켓 사업장이다. 먼 미래를 내다보고는 인간이 태양계에 정착하게 만들어, 지구가 붕괴하거나 자원 공급 불능, 인구 이동 시 우주로 나아가기 위해서이다. 이러한 미래적인 사고가 자본주의 세상에서 가장 강력한 힘이다.

제프리 베조스의 투자 철학은 그것이 비즈니스든 투자든 단기가 아니라 장기적인 투자를 한다. 앞을 내다본 장기적인 안목이 결국 아마존을 성공하게 한 힘이었기 때문이다.

이처럼 창의적인 생각이 가치로 발현되려면 적어도 몇 년의 시간이 필요하듯 앞을 내다보고 계획을 수립하는 자세가 필요하다.

베조스는 당장의 이익보다는 장기적 안목을 키우는 전략으로 아마존을 성장시켰다.

베조스의 경영철학

제프리 베조스의 경영철학을 좀 더 보면 그는 사람을 평가할 때 그 사람이 지혜로운 사람인지를 가장 먼저 살펴본다. 즉 똑똑하고 진취적이고 창의적인 사람을 선호한다. 그래서 지도자에게 아첨하는 사람들을 가까이 곁에 두지 않는다. 대신 뛰어난 아이디어를 가진 똑똑한 인재들을 영입하여 가까이 둔다. 아마존은 모든 직원들에게 건전한 논쟁을 장려한다.

제프리 베조스는 100만 개가 넘는 새로운 일자리를 만들었다. 그런가 하면 무인, 로봇, 인공지능 등 새로운 기술로 수백만 명의 세계를 위협하고 있다. 다음 그의 말에 큰 깨달음을 얻었다.

"지혜로운 사람은 관습에 얽매이지 않고 항상 자기 자신을 새롭게 창조하려고 한다."

제프리 베조스의 경영철학 제1원칙은 고객이 최우선이라는 것이다. 그는 항상 이렇게 말한다.

"가장 중요한 것은 고객에 집중하는 것이며 고객이 무엇을 원하고 고객이 앞으로 무엇을 원할지를 예측하는 것이 아마존의 존재이유이다."

2

평생 부자로 사는 투자법
데이터 경제(data economy)

데이터의 활용이 다른 산업 발전의 촉매역할을 하고
새로운 제품과 서비스를 창출하는 경제이다.

미래의 돈, 데이터 경제

디지털 사회에서 주목해야 할 것이 바로 고급 정보가 돈이다.

특히 주식, 비트코인, 부동산에서 유용한 정보는 곧바로 돈이 된
다. 이제 데이터가 돈이 되는 시대다. 이와 같이 데이터를 이용해
서 돈을 버는 경제를 소위 '데이터 경제(data economy)'라 부른다. 이
용어는 2011년 데이빗 뉴먼이 보고서에서 써 유래되었다. 데이터
경제란 데이터의 처리와 활용이 중요한 생산요소가 되는 경제구조
를 말한다. 대표적인 기업 구글은 강력한 검색엔진을 통해 세계 거

의 모든 데이터(정보)를 흡수, 활용하여 엄청난 돈을 벌어들이고 있다.

성장하고 있는 데이터 생태계를 보면 우선 데이터를 생산하고 수집한다. 다음으로 가공하여 유통한다. 그리고는 활용함으로써 경제적 효용을 창출하는 가치사슬 체계로 구성되어 있다. 정부는 2023년까지 데이터 시장을 30조원 규모로 성장시키겠다고 했다.

'2023년 데이터 경제' 활성화 방안 주요 목표

데이터 시장 규모	국내 AI 유니콘기업	데이터·AI 전문인력
14조원 → 30조원	0개 → 10개	1,800명 → 1만명 신규 양성
2018년 2023년	2018년 2023년	2018년 2023년

*데이터 전문인력은 데이터사이언티스트 기준, 데이터 시장 규모는 직간접 효과 포함. 자료=과기정통부·한국데이터산업진흥원.

메디치 가문의 P2P금융

그림을 보면 한 부부의 평범한 일상생활의 모습을 담고 있다.

그림 속의 남편은 금화를 비롯한 여러 종류의 동전들의 무게를 신중하게 재고 있고, 아내는 마리아가 그려진 기도서를 보면서 남편이 하는 일을 눈여겨보고 있다. 당시 상업과 금융이 발달한 플랑드르 지방에서 대부업자는 환전업을 겸하고 있었다.

퀜틴 마시스(Quentin Matsys, 1466–1530)는 플랑드르 화파를 창시한 화가 중 한 사람이다. 그의 대표작은 루브르 미술관에 소장되어 있는 16세기 초엽에 그린 〈환전상과 아내(The Money Changer and His Wife), 1514〉다.

세계에서 가장 위대한 극자가 영국 대문호 윌리엄 셰익스피어 (1564~1616)의 명작 〈베니스의 상인〉의 주인공 안토니오는 돈을 빌려달라는 친구의 부탁을 받고 유대인 고리대금업자인 샤일록에게 돈을 빌린다. 샤일록은 빌려주는 대신 안토니오에게서 살 1파운드를 담보로 잡는다.

법학박사로 분장한 포샤가 샤일록의 요구를 들어주되 1파운드의 살 외에 단 한 방울의 피도 흘리게 해서는 안 된다는 판결을 내림으로써 샤일록에게 파멸을 안기는 것이 결말이다. 그러나 주인공 안토니오와 고리대금업자인 샤일록 모두 이윤을 추구하였다.

내 서재에는 이탈리아 피렌체의 메디치(Medici) 가문 관련 서적들이 많다. 당대 최고의 메디치 가문은 금융에 돈을 대어 큰 부자 가문이 되었고 최초의 금융은행을 설립하게 된다. 환전업, 대부업 즉 돈을 빌려준 대가로 이자를 받는 것을 시작으로 은행업이 탄생한다. 메디치 은행은 여러 지점을 거느리게 된다. 그래서 은행이라는 bank가 이탈리어 banca에서 나왔다. 방카가 곧 개인 대출자와 개인 투자자를 연결하는 P2P금융이었다는 사실이다. 메디치 가문은 이때부터 P2P금융의 핵심이 되는 대출 다변화를 통한 리스크 분산과 투명한 정산시스템 그리고 보다 진보된 금융모델을 개발했다.

결국 돈이 모이게 되니 사람들이 피렌체로 몰려들었다. 그곳엔 창의적이고 혁신적 아이디어 중심지가 되었다. 유럽의 부자들이 메디치로 몰려와서 돈을 맡기고 투자를 하게 된다. 참고로 메디치 가문은 1400년대부터 1748년까지 350년 동안 이탈리아의 수도 피렌체(Firenze)를 통치하며 네 명의 교황과 두 명의 프랑스 왕비를 배출했다. 또한 보티첼리, 미켈란젤로, 레오나르도 다빈치 등 유명한 미술가를 양성하고 갈릴레오 갈릴레이, 마키아벨리를 지원했다.

여기서 나온 메디치 효과(Medici Effect)는 기존의 생각을 새롭게 재결합해 혁신적인 아이디어가 폭발적으로 증가하는 현상을 말한다. 서로 관련이 없을 것 같은 다양한 분야가 상호 교류, 융합하여 독창적인 아이디어나 뛰어난 생산성을 나타내고 새로운 시너지를 창출 할 수 있다는 경영이론이다.

P2P금융 이해

P2P금융은 한마디로 인터넷 금융서비스다. 온라인 금융을 통해 투자자에게는 높은 수익을 제공하고 대출자에게는 보다 낮은 금리로 대출을 연결하는 금융 비즈니스이다. 기존의 금융회사를 거치지 않고 다수의 개인들로부터 자금을 차입하여 사업자금이 필요한 사람들에게 대출해주는 새로운 핀테크이다.

P2P(Peer-to-Peer · 개인간) 금융 이해도

투자자 ────〉 P2P금융 플랫폼 ────〉 대출자

대부업법 즉 P2P법(온투법, 5억 · 10억 · 30억원)이 시행되면서 P2P금융은 안전한 금융업이 되었고 많은 사람들이 몰려들고 있다. 평균 8-10%에 달하는 높은 수익률을 올릴 수 있다. P2P투자 상품으로는 개인채권투자, 기업투자, 부동산 파이낸싱 투자 등이 있다.

3

거시경제학자 케인스의 예견대로
기축통화(world currency)

아이디어가 역사의 진로를 모양 짓는다.

Ideas shape the course of history.

– 거시 경제학의 창시자 존 메이너드 케인스

케인스의 기축통화

내가 줄기차게 문사철(文史哲)을 공부하는 이유 중 하나가 보이지 않는 것의 중요성을 알기에 거시적 관점에서 보이지 않는 것(insight)에 주목하기 위해서이다. 즉 통찰력을 키우기 위함이다.

대표적인 암호화폐인 비트코인 가격이 개당 5만 달러(약 7000만 원)에 육박하며 최고가를 경신한 가운데 1억 원까지 오를 것이란 전망을 한다(기준 2021년 3월). 일찍이 지금의 비트코인처럼 국경 없는 거시적 화폐를 만들자는 이 주장은 받아들여지지 않았다. 20세기의 가장 위대한 경제학자는 케인스이다.

기축통화(基軸通貨 world currency)란 세계 어디서나 통하는 돈이다. 즉 국제간 결제나 금융거래에서 통용되는 통화를 가리킨다. 여기서 기축이라는 말은 중심이라는 뜻이다. 케인스는 불황을 극복하기 위한 전략으로 기축통화를 제시했다.

케인스는 케임브리지대학에서 수학과 통계학을 전공하면서 철학과 경제학도 함께 공부했다. 그의 아버지도 경제학자였고, 어머니는 케임브리지대학을 졸업한 최초의 여학생이었다. 1929년 대공황과 대량실업을 두고서 낮은 임금으로 일자리를 늘려야 한다는 전통적 경제학을 거부하고 실업과 불황을 노동자들의 높은 임금에 돌리는 것은 잘못이라고 했다. 즉 저축의 역설을 말했다. 지나치게 저축만 강조하면 소비를 위축시키고 투자로 연결되지 않으며 수요가 위축되어 산출과 고용이 감소한다는 것이다(유효소유 이론effective demand).

경제학에서 변하지 않는 한 진리가 있다.

"대량으로 발행되는 화폐는 가치가 떨어진다."

지금 금융은 디지털화폐 시대로 접어들었다. 유명한 경제학자

존 메이너드 케인스(John Maynard
Keynes 1883-1946)는 일찍이 세계화폐
의 변화 필요성을 강조했다. 노벨상
경제학상을 받은 조셉 스타 글리츠
역시 미국이 물리적인 화폐를 폐지하
고 디지털 화폐로 전환할 것이고, 해
야만 한다고 말했다.

영국의 케인스는 자본주의를 대표하는 거시경제학자이다.

그의 이론은 한마디로 거시경제적 흐름이 각 개인들의 미시적
행동을 압도할 수 있다. 그는 주로 화폐 경제를 연구했다. 즉 세계
화폐를 주장했다. 케인스의 화폐 발행량 증가와 은행들의 과도한
신용대출의 결과물로 세계 2차 대전을 불러왔다. 결국 정치를 앞
세우고 경제와 금융을 무시한 경과로 홀로코스트와 2차 세계 대전
이라는 세계 최대의 비극이 일어났다.

거시경제학자 케인스가 세계화폐를 주장하는 이유는 달러가 기
축통화로 경제위기 발생 시 인플레이션이나 디플레이션이 일어나
지 않는 세계화폐가 개발되어야 한다고 믿고 화폐연구에 몰두했
다.

케인스는 국제청산동맹의 자본금을 260억 달러로 하자고 제안했으나 달러를 기축통화로 만들어 세계 경제의 패권을 잡으려했던 미국이 반대했다.

케인스경제학이 기본적인 입장은 수요와 공급의 차이를 조정하는 것은 가격이 아니라 수량이라는 것이다. 그러므로 유효수요란 실제 소득이 뒷받침된 수요로 구매력이 갖춰진 수요를 말한다(가계, 기업, 정부).

따라서 재화시장과 화폐사장이 동시에 균형을 이루는 국민소득과 이자율이 결정되고 이것에 따라 균형상황에서 소비, 투자, 화폐수요 등 거시변수가 결정된다.

인플레이션이과 디플레이션

경제학에서 가장 기본적인 용어가 인플레이션(inflation)과 디플레이션(deflation)이다. 인플레이션은 화폐가치가 떨어져서 물가가 계속적으로 오르는 현상을 말한다. 반대로 디플레이션은 통화량이 적어서 물가가 떨어지고 화폐가치가 올라가 경제활동이 침체되는 현상이다. 그러나 경기가 좋을 때 수요량 증가를 생산량이 따라가지 못해서 생기는 수요견인은 좋은 인플레이션이다. 또한 기술진보 등으로 총공급이 늘어나 발생하는 디플레이션은 좋은 디플레이션이다. 그러나 나쁜 디플레이션은 경기가 침체되면 경제 전체적으로 상품에 대한 수요는 감소하고 물가는 떨어진다.

6부

미래 247가지
유망직업 공개

1

미래 일자리 전망
새롭게 부상한 미래 직업

나는 무엇을 잘하는가?

나의 직업은 5년 후에도 안전한가?

퇴직 후 무엇을 할까?

미래 빅 픽처

미래 직업 빅 픽처(Big Picture)

2030년에는 현재 있는 직업의 47%가 사라질 것이다.

_ 미국 스탠퍼드대 토니 세바 교수

앨버트 몰러 교수는 '확신이란 단지 우리가 붙잡는 신념이 아니라 우리를 붙잡아주는 신념'이라고 말했다. 또 영국의 수상을 지낸 윈스턴 처칠(1897-1965)도 '세상을 뒤바꿀 용기 있는 사람이 혁신가'라고 하였다.

고대 그리스 철학자 헤라클레이토스(BC 535-475)는 "이 세상의 모든 것은 변한다" "만물은 흐른다(Everything Flows)"라는 유명한 말을 남겼다. 그 어떤 것도 안정되거나 머물러 있지 않다고 생각했다. 즉 '생성', '변화'를 중요시한 철학자이다.

이처럼 급변하는 현대사회에서 성장하고 싶다면 안주하거나 기존의 기득권을 지키기에 급급하다면 절대로 성공을 기대할 수 없으며 이래 붕괴될 수도 있다.

없어지지 않을 직업

나는 매일 현장 속 직업진로를 찾아 생생하게 전하고 있다.

세계적인 미래학자 〈토마스 프레이〉는 2030년 일자리 20억 개가 사라진다고 했으나, 내 경우는 코로나19 이후 돈 벌 기회가 5년 앞당겨졌다고 본다. 그래서 모든 기업들이 황급히 IT기술을 활용하고 있다. 그 새로운 직업의 물결에 올라타야 한다.

• **억대 연봉 직업진로 속으로 들어가려면**

1. 조화로운 인맥을 넓힐 필요가 있다.

2. 경험을 통한 탁월한 실력을 갖춘다.

3. 작업 서비스 신뢰를 제공해야 한다.

한국고용정보원과 LG경제연구원에서 발표한 일자리 방향 보고서를 보니, 2025년이 되면 취업자의 50-60%가 일자리를 잃을 수 있다고 발표했다. 그렇다면…,

위협받을 직업 또는 사라질 일자리의 기준이 무엇일까?

세상은 더 편리하고 단순화되어지고 있다. 앞으로 모든 분야에서 더 편리하고 더 단순한 일자리가 먼저 사라진다. 단순한 직업은 누구나 쉽게 파악할 수 있고 따라할 수 있다. 그런데 생존하는 직업은 잘 보이지 않고 복잡한 처리를 거쳐, 좀처럼 따라 하기가 힘들다. 이는 인문학적 사색이 담겨져 있기 때문이다.

미래 유망직업이라고 해서 갑자기 툭 튀어나와 생기지 않는다. 지금 하고 있는 직업이 발전하고 더 나은 영역으로 진화하는 것이다. 진화의 직업이 10년 단위로 바뀐다. 그러므로 지금부터 10년 후 직업을 준비해야 한다.

바야흐로 인공지능(AI)과 로봇, 자동화가 일상의 면접까지도 간섭하고, 예술적 행위까지 넘어선 상황에서 채용되고 계속 일자리를 가지려면 필히 무엇을 준비해야 할까? 한마디로 설득력 있는 스토리텔러가 되어야 한다. 감정을 자극하고 감동을 주어 행동을 취하게 하는 것은 당분간 로봇이 할 수 없으며 인간만의 고유한 영역이다. 아직 기계는 사람의 감정을 이해하기는 힘들다. 그러니까 단순 반복업무는 자동화가 대체 가능하지만 인간 감정을 다루는 직업은 유지될 것이다.

그럼 없어지지 않을 직업은 무엇일까?

한마디로 사람의 감정을 건드리는 직업이다. 이를테면 성직자, 문학가, 개그맨(웃음), 디자이너, 센스엔지니어 등이다. 아직은 기계가 넘볼 수 없다. 인간의 고유 가치를 높이는 정신 능력은 기계가 쉽게 빼앗아갈 수 없기 때문이다.

실패학을 가르치는 교수

세상 그 어디에도 안전한 길이란 없다. 안전한 길이라고 생각하는 것이 어느 날 위험한 길로 변할 수 있다. 과거엔 먼저 이룩한 방식을 그대로 따라했다. 이렇게 하면 성공한다는 일종의 매뉴얼을 사용해 이익을 창출했다. 이는 모방형 공식이었다. 누구나 앞으로 나아가야 할 길이 무엇이며 같은 방향으로 향하면 성공에 도달할 수가 있었다. 그러나 지금은 과거와는 달리 스스로가 무(無)에서 시작해 새로운 길을 창조해 내야 한다.

앞으로 경제를 낙관적으로 보는 이들은 거의 없을 것이다. 코로나19 이후, 세계 경제는 더 밑바닥을 기어갈 것이며 장기적인 바닥 경제를 극복할 확실한 대책을 강구 하지 않으면 더욱 경제의 목을 죄게 될 것이다. 과거를 흉내 내거나 재래형의 방법으로는 성장할 수도 없다. 대신 과거의 방법을 버리고 전혀 새로운 독창적인 방법으로 치고 나아가야 한다. 지금 우리를 둘러싼 환경에 맞추어 전환해야 한다.

그래서 내가 신나게 잘 가르치는 것이 '실패학'이다.

어떻게 실패학이 만들어졌는가에 초점을 두고는, 스스로가 무(無)에서 새로운 것을 만들고자 하는 적극적인 사고방식에서 출발한다. '실패학'이라고 하여 자신의 실패를 가르치는 것이 아니다. 그렇다고 타인의 실패사례만을 가르치지도 않는다. 여러 경험 사례를 나의 비즈니스로 가져와 목표를 이룰 수 있도록 전환하는 것이다. 그대로 모방하면 실패할 것을 알기에 말이다. 흔히 〈실패에서 배운다〉라고 말한다. 즉 실패사례를 통해 어떤 교훈을 삼을 것인가를 인식하는 것이다. 그래서 실패에서 얻은 것을 정리하여 지식화한다.

새로운 공식을 만드는 사람들은 새로운 것에 도전하기 때문에 실패가 따라붙을 수 있다. 건강한 실패를 통해 배우면서 새로운 창의적 공식과 해결책을 만들어낸다. 그래서 성공의 과정에는 실패로부터 공식을 만들어 성공이 얻어지는 상태로 나아가는 것이다. 성공 공식이란 과거 실패의 반복에 의해서 만들어진 것이기 때문이다. 하지만 실패의 연속 속에서 사람은 점점 자신감을 잃게 되고 종국에는 도전하고자 하는 의욕까지 없어지게 된다. 그러므로 실패는 실패의 근원이기 때문에 실패 없이 성공하는 것이 더 좋은 방법이다.

부디 실패 없이 성공하기 위해서는 자기 스스로 정해진 단순노동과 모방하려는 상태에서 벗어나 새로운 공식을 만들어갈 수 있도록 변해야 하고 독립한 개인으로 전환해야 한다. 이것이 어려운 경기침체에서 벗어나는 제일 빠른 길이며 위험한 상태에서 빠져나오는 길이기도 하다.

지식화 작업

좋은 실패란 말이 있다. 개인이 성장하는 과정에서 반드시 통과해야만 하는 경우이다. 이는 후에 유익한 실패의 경험이 된다. 반면 나쁜 실패는 부주의나 오판, 무리한 결정 등이 원인이 되어 반복되는 실패를 의미한다. 이런 의미에서 나쁜 실패는 될 수 있는 한 피해야 한다.

처음부터 성공하는 것은 현실에서 매우 드물다. 새로운 것에 도전하다 보면 실패를 경험하게 된다. 실제로 실패를 반복하면서 지식을 얻게 된다. 그래서 〈실패는 성공의 어머니〉라는 식의 말은 어디를 가든지 들을 수가 있다. 그렇고 보면 누구든 앞으로 진보하기 위해서는 필히 실패를 경험하게 된다는 견해를 갖고 있다.

먼저 세상의 현상을 바르게 인식하는 것부터 시작해야 한다. 세상이 급격하게 변화하고 있는 시대에는 조직과 개인은 전환하여 그 흐름을 타는 것이 가장 바람직하다. 그러려면 새로운 기능을 지식화해야 실제에서 사용할 수 있다.

실천 가능한 목표 세우기

꿈을 이루기 위해서는 목표가 필요하다.

목표가 구체적이지 않은 꿈은 곧 사그라지게 된다. 한 예로 마라톤은 42.195 킬로미터 목표지점이 가까워 오면 달리는 속도가 오히려 더 빨라진다. 그 이유는 구체적인 목표를 가졌기 때문에 더욱 활기차게 뛰는 것이다.

절대 안이한 생각으로는 목표를 이룰 수 없다. 목표를 정할 때 주의해야 할 점을 알려드리면 아래와 같다.

첫째, 자신의 역량을 파악해야 한다. 자신의 현재 역량을 파악하지 않은 높은 목표는 곧 무력감을 가지게 되어 중도에 포기할 수 있다. 자신의 역량보다 약간 상향 조정하며 한 레벨씩 올리는 것이 좋다.

두 번째는, 일일, 한주, 한 달 구체적인 실행 목표를 정한다. 마감 시간, 반드시 일일 해야 할 목표를 구체적으로 세우고 실천해야 한다.

그다음으로, 중기, 장기 목표를 세운다. 도중에 단념하지 않기 위해서는 중간목표와 장기목표가 필요하다. 그래야 도중에 어려움이 있다 할지라도 포기하지 않는다. 성공의 길은 항상 디딤돌과 같기 때문이다.

미래 산업을 주도하는 유망 직업

미래의 유망직종

미래의 시장 기회를 보면 모든 사람과 사물이 연결되는 초연결 사회가 되었다. 그 결과 많은 사람들이 직업선택에서 실패하고 후회하는 이유가 미래 직업을 읽지 못했고 자신의 강점에 집중하지 않았기 때문이다. 초연결사회의 직업은 자신의 강점을 활용할 때 성과를 낼 수 있고 생존할 수 있다. 앞으로 기술의 변화 속도가 빨라지면서 지금까지 인간이 누리던 생활로 돌아갈 수 없을 정도로 바뀔 것이다.

빅 픽처(Big Picture)는 보통 큰 그림을 그린다는 의미이다. 즉 다가올 미래사회를 읽어내고 대비하여 준비한다는 뜻이다. 빅 픽처는 IT분야뿐 아니라 경제와 교육, 미디어와 정치, 의학과 환경, 유통과 제조, 디자인과 방송 등 전 영역에서 공통적으로 도출된 핵심 이슈이다. 곧 인간이 기술에 본격적으로 의존하는 디지털 시대를 예고하고 있다. 이제 미래를 자신의 것으로 만들기 위해 미래를 내다보는 큰 그림, 즉 '빅 픽처'를 그려나가야 할 것이다.

제4차 산업혁명이라는 새로운 물결이 들어오면서 가장 먼저 디지털과 무인화가 진행되었고, 산업구조가 재편되어 통상적이고 틀에 박힌 일을 하는 자리는 감소하고 모든 분야에서 새로운 일자리가 창출되고 있다.

유엔미래보고서는 2045년에 인공지능(AI)이 인간지능을 넘어서는 특이점에 도달할 것이라고 밝혔다. 미래 유망직종으로는 데이터 사이언티스트, 빅데이터 디자이너 등이 있다. 자신의 직업에 가장 영향을 줄 요인은 인공지능과 빅데이터가 될 것이라고 하였다. 특히 우리의 삶 대부분의 영역에서 로봇 관련 분야와 인공지능 분야가 밀접하게 관계할 것이다. SW 개발 관련 직종도 인기를 누리게 될 것이다.

이미 테슬라를 위시해 구글, 애플 등이 AI를 활용한 무인자동차를 출시했고 일본에선 로봇 무인택시를 상용화했다. 심지어 채용면접에도 인공지능(AI) 로봇이 등장했다. 중국에선 무인버스가 시험 운행에 성공했고, 메르세데스 벤츠는 무인트럭도 선보였다. 앞으로 우리의 사회는 더욱 무인화 되어 갈 것이다.

미래의 유망 직업으로는 사물인터넷 개발자, 홀로그램 전문가, 소셜미디어 전문가 등 일자리가 확대될 것이다.

레이 커즈와일(Ray Kurzweil) 구글 엔지니어링 이사는 자신의 저서 〈The Singularity is Near〉를 통해 "2040년 즈음에는 기술이 인간의 모든 고유영역을 초월할 것이며, 유전학과 나노공학, 그리고 로봇공학 등의 놀라운 발달에 힘입어 인공지능(AI)이 인간의 육체는 물론 정신까지도 대체할 시대가 올 것"이라고 예견했다.

인공지능 로봇으로 상징되는 무인화 흐름은 더 이상 남의 나라 얘기가 아니다. 이미 생산 현장 곳곳에 로봇이 투입되었고 기존 노동 인력을 대체하고 있는 것이 현실이다. 생활 속 곳곳에서 쉽게 무인화 환경을 접할 수 있다.

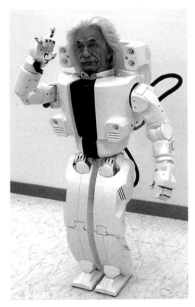

◀한국 KAIST 휴보그룹과 로봇디자이너 데이비드 핸슨의 협업으로 만들어진 휴머노이드 '알버트 휴보'
(그림 자료제공: 위키피디아)

미국 캘리포니아 대학교 샌디에고 캠퍼스(Univ-ersity of California, San Diego) 심리학과 연구진은 로봇에 대한 인간의 적극적인 감정 이입에 대한 가능성을 보여주는 연구결과를 발표했다. 연구내용은 천재 물리학자인 알버트 아인슈타인(Albert Einstein, 1879~1955)의 생전 모습을 그대로 재현한 휴머노이드(Humanoid)와 인간이 상당 시간을 보내면서 느끼는 상호관계성을 분석하는 내용이었다.

앞으로 전개될 직업 변화의 속도와 다양화 경향은 더욱 빨라지게 될 것이다. 한 가지 확실한 것은 향후 미래 산업을 주도하는 유망 직업은 대부분 로봇과 인공지능, 빅데이터와 헬스케어 등을 중심으로 하는 분야가 될 것이다.

한편 LG경제연구원은 로봇과 인공지능, 빅데이터 등이 양질의 일자리 창출과 경제 활성화에 큰 도움을 줄 것으로 보았다. 그래서인지 미래의 유망직종은 로봇과 인공지능, 빅 데이터 관련 분야가 주도한다. 인공지능 기술에 대한 분야로서 무인 운전 자동차나 디지털 음성 인식서비스인 애플 시리(Siri), 구글 나우(Now), 마이크로소프트 코타나(Cotana)와 같은 획기적인 발명품들이다.

읽기만 해도 일자리가 보이는 미래 유망직종 247가지 대(大)공개

미래 유망 직업진로 공개

프리랜서 관련 유망 직업

헬스케어와 IT산업 고용전망 높은 직업

빠르게 직업진로가 바뀌고 있다. 기존의 일자리가 사라지고 새로운 직업이 생겨나고 있다. 그래서 우선 가장 많은 사람들이 불안감을 갖고 있는 분야가 장래에 자신의 일자리가 없어질지도 모른다는 걱정과 어떻게 준비해야 하는가이다. 제4차 산업혁명 시대와 코로나19 이후 미래에 어떤 직업이 유망할지를 제안한다. 먼저 중요한 팁으로 확실한 일자리를 지킬 수 있는 것은 직무의 고숙련도가 높으면 안전하다.

247가지 유망직업 공개

미래 새로운 직종은 사회가 디지털로 전환되면서 다양한 직업들이 만들어지고, 또 과거의 단순한 직업은 사라지고 있다. 하지만 미래의 직업은 자신의 적성에 맞아야 자신의 능력을 마음껏 발휘할 수 있다.

다음은 미래의 유망 직업들이다. 기존 직업도 계속하여 발전하게 된다. 또 새롭게 부상할 직업들도 있다. 시대의 변화에 따라 새롭게 부상한 일자리는 더 확대될 것이다.

#1. 사물인터넷 개발자 : 사물에 센서와 스마트기기를 개발 및 애플리케이션을 만든다.

#2. 홀로그래피 전문가 : 3차원 영상의 정보를 재현해 내는 기술로서 홀로그램 특수 필름을 활용해 3D 입체 영상으로 찍어내는 사진 기술이다.

#3. 소셜미디어 전문가: SNS 소셜미디어 활용방법을 컨설팅하여 구체적인 실행전략을 기획한다.

유엔미래보고서는 2045년에 인공지능(AI)이 인간지능을 넘어서는 특이점에 도달할 것이라고 밝혔고, 자신의 직업에 가장 영향을 줄 요인은 인공지능과 빅데이터가 될 것이라고 하였다. 특히 우리의 삶 대부분의 영역에서 로봇 관련 분야와 인공지능 분야가 밀접하게 관계할 것이다. 관련하여 미래 유망직종으로는

#4. 데이터 사이언티스트

#5. 빅데이터 디자이너

#6. SW 개발자

#7. 개인여가컨설턴트

개인여가컨설턴트는 개인에게 여가생활을 효율적으로 활용할 수 있도록 맞춤형 조언을 해주는 직업이다.

#8. 기업 컨시어지(concierge)

기업 컨시어지는 기업에서 소속 직원들에게 각종 복지와 문화혜택을 제공하기 위해 개별 직원의 맞춤 수요에 부응할 수 있는 여행, 공연 등의 예약과 정보 제공을 담당한다.

#9. 보육교사

보육교사는 취학 전 영유아를 대상으로 성장발달과정에 맞는 보육 및 교육을 담당. 베이비시터 부모를 대신하여 아이들을 돌봐준다.

#10. 커리어 컨설턴트

커리어 컨설턴트는 구직자가 본인의 적성, 능력 등에 맞는 일자리를 구하거나 취업에 필요한 제반 능력을 기를 수 있도록 컨설팅 제공한다.

#11. 전직지원 전문가

전직지원 전문가는 기존 직장이나 직업에서 이/전직을 희망하는 사람을 대상으로 재취업에 대한 컨설팅과 교육을 제공한다.

#12. 트렌드세터(Trend Setter)

트렌드세터는 온라인과 쇼핑몰, 거리 행인의 색상, 스타일, 옷감, 정보를 수집하고, 상품평이나 고객 트렌드를 데이터화하여 분석하고 일감을 주문하고 디자인을 의뢰하며 생산을 관리한다. 물론 기획과 마케팅, 그리고 전시 활동도 한다. 즉 새로운 문화와 유행을 선도하는 사람을 뜻한다.

#13. 데이터 분석가

미래의 자산으로 데이터의 확보이다. 그러므로 데이터 분석가는 새로운 일자리 창출에 긍정적 영향을 미칠 수 있다. 이는 빅데이터 전문가로 나아갈 수 있다. 대량의 데이터를 관리하고 분석해서 정보를 제공하고 데이터 속에 함축된 트렌드 등을 도출하고 이로부터 새로운 부가가치를 창출하는 직업이다.

#14. 개인 금융관리 분석가

개인 금융관리 분석가는 개인의 소득, 비용, 저축, 신용카드 연체, 주택비용, 부채, 자산관리 등 재무 상태를 파악하고 현재의 잘못된 금융 관리를 디지털 금융으로 서비스를 제공한다. 동시에 소비패턴 등의 분석을 통해 개인의 신용관리, 자산관리, 서비스를 제공하는 업종이다.

#15. 디지털 디자이너

디지털 디자이너는 개인의 이익을 위해 적절한 플랫폼을 이용하여 디지털 전환을 통해 이익을 올리는 것이다. 광고 및 마케팅, 편집, 온라인 기획, 가상현실(VR), 디지털 해설, 온라인 강의 등 취업의 영역이 넓어졌다.

#16. 상품기획가

앞으로 고객의 니즈와 수요를 즉각적으로 제품에 반영하기 위한 상품기획가이다. 기존에도 있었지만 온라인 시장 확대로 일자리가 더 넓어졌다. 상품기획가는 소비의 구매 패턴과 소비 유형을 파악해 시장성 있는 상품을 개발하고 기획하며 운영한다.

#17. 개인미디어콘텐츠 창작자

개인블로그, 인스타그램, 트위터, 유튜브, 개인 몰 등 개인미디어콘텐츠 기획과 운영자들의 활동이 더 넓어질 것이다. 이는 아이디어 공유, 소프트웨어 활용, 아이디어 기획, 장치의 설치, 제작에 이르는 일련의 과정을 의미한다.

#18. 복고체험 기획자

복고체험 기획자는 첨단 문명으로 잊었던 과거의 향수와 기억을 되살릴 수 있도록 체험기회를 제공한다.

#19. 가상여행 기획자

가상여행 기획자는 비교적 저렴한 비용으로 세계 각국을 가상공간에서 실감 나게 여행할 수 있도록 기획한다.

#20. 탈부착골격 증강키 연구원

노화가 진행되면서 골격이나 근육의 퇴행과 염증이 나타나는데, 이를 보완할 수 있는 입고 벗을 수 있는 골근격 증강키를 개발하는 연구원의 출현이 예상된다.

#21. 호텔 컨시어지

호텔 컨시어지는 호텔 고객에게 관광, 쇼핑, 음식 등의 정보제공은 물론 손님의 요구사항을 법적, 도덕적 테두리 안에서 모두 해결해 준다.

#22. PB(Private Banker)

PB는 고객 자산(부동산, 예금, 실물자산 등)의 수익증대를 목적으로 종합적으로 관리한다.

#23. 개인교육문제 상담자

개인교육문제 상담자는 진학(입시), 학과선택, 자격취득 등 교육과 관련한 종합적인 문제를 진단하고 컨설팅 제공한다.

#24. 감성디자이너

감성디자이너는 기능을 함께 고려하면서도 사람들의 감성과 오감을 만족시키면서 디자인한다.

#25. 노인말벗 도우미

노인말벗 도우미는 노인들의 외로움을 달래주고 이야기를 전문적으로 들어주는 역할을 한다.

#26. 외국학생유치 전문가

외국학생유치 전문가는 학생입학자원의 지속적 감소 때문에 우리나라 대학에 외국의학생들을 유치하기 위해 홍보와 기획을 담당하는 사람이다.

#27. 조부모-손주관계 전문가

조부모-손주관계 전문가는 고령자와 젊은 사람 간의 세대 간 갈

등을 완화하도록 조정하는 역할을 수행한다.

#28. 금융생활 라이프 컨설턴트

금융생활 라이프 컨설턴트는 새로운 라이프스타일에 맞게 관광 및 상품개발을 통해 이색관광을 선물하는 것이다. 변화된 금융환경 속에서 윤택하고 가치있는 라이프스타일을 리드해주는 신개념 라이프 컨설턴트이다. 특히 차별화되고 적합한 금융지식을 바탕으로 행복한 내일을 관리해준다.

#29. 호텔리어 컨설턴트

호텔리어(hotelier)는 사무와 객실, 프론트, 관광, EFL(Executive Floor) 업무 등에서 자신의 재능을 운영하는 사람을 의미한다. 항공, 관광경영, 호텔카지노, 호텔조리, 호텔제과, 여행, 의전, 통역, 호텔 컨시어지, 판촉부 등 창의적 능력을 발휘할 수 있는 직업이다.

#30. 전문 의사

전문 의사는 전문적인 의료지식 및 기술을 활용하여 질병, 장애가 있는 사람들의 건강회복을 위해 치료한다.

#31. 노인상담 및 복지전문가

노인상담 및 복지전문가는 사회적, 개인적 문제를 겪고 있는 노인이나 소외계층을 대상으로 상담을 하고, 문제해결을 지원한다.

#32. 연금전문가

연금전문가는 개인의 생애주기에 맞는 적절한 연금 상품을 추천하고 설명하며 평생의 인생을 컨설팅 해준다.

클라우드 컴퓨팅이란 인터넷 기반 컴퓨팅의 일종으로 정보를 자신의 컴퓨터가 아닌 클라우드(인터넷)에 연결된 다른 컴퓨터로 처리하는 기술을 의미한다. 클라우드 서비스는 인터넷상에 자료를 저장해 두고, 사용자가 필요한 자료나 프로그램을 자신의 컴퓨터에 설치하지 않고도 인터넷 접속을 통해 언제 어디서나 이용할 수 있는 서비스를 말한다.

#33. 클라우드 시스템 엔지니어
#34. 클라우드 제품전략 기획가
#35. 클라우드 인프라스트럭쳐

#36. 클라우드 시스템, 관리 시스템 개발자

#37. 클라우드 아웃소싱 비지니스

#38. 클라우드 소프트웨어

#39. 독립서점 운영

독립형태의 직업이 뜨고 있다. 이를테면 재미, 의미, 편리와 같은 고유한 경험을 담고 있는 독립서점이란 기존의 출판 및 유통방식에서 벗어나 운영되고 있는 소규모 책방을 말한다. 서점의 취향대로 꾸며서, 기성 출판물에서 만나볼 수 없는 독특하고 다양한 주제들의 책으로 구성된다.

#40. 큐레이터(Curator) 직업

일찍이 큐레이터(Curator) 직업을 소개한지도 벌써 10년이 다 되었다. 참고로 큐레이터는 박물관이나 미술관을 찾는 관람객을 위해 전시를 기획하고 글을 쓰며, 작품이나 유물에 대한 수집·관리·연구를 담당한다. 공간 디자인 기획까지 그리고 작가와 작품 분석에 기반 한 기획가로서 작가가 구상한 주제를 전시 형식으로 풀어내고 글과 스토리로 완결한다. 또 작품을 오디오와 영상 창작 형식으로 기획을 하거나 필요한 곳에 해설과 아티스트, 제목 등을 전시해야 한다. 그리고 빈 공간을 새롭게 구성하고 조명과 방향선 등 모든 것을 기획해야 하는 막중한 직업이다.

더욱 새로운 라이프스타일로 더욱 영화, 음악, 관람(예술), 공간, 방송, 북, 상품, 뉴스레터까지 취향과 데이터를 조합해 기획하는 큐레이터는 시대적 유용한 직업으로 큰 기대가 된다.

급격하게 떠오르는 직종으로 시대의 변화하는 직업진로에 대비할 수 있도록 과감하게 혁신을 시도해야 한다. 이는 성장 가능성이 매우 높은 직업군이다.

#41. 온라인 진로직업체험 프로그램

#42. e학습터, 구독 학습

#43. 화상회의 프로그램 줌(Zoom) 활용

#44. 줌(Zoom)을 활용한 방송, 공연, 뷰티 분야

#45. 줌(Zoom)을 통한 교육

가장 쉽게 일자리를 만드는 것이 구독경제다. 구독경제 서비스를 대기업뿐만 아니라 유명 백화점, 편의점, 기업, 프랜차이점 등에서도 참여하고 있다. 분야로는 신문, 잡지, 화장품, 식음료, 반찬, 정수기, 비데, 안마의자, 영화, 음악, 음식, 커피, 식당, 명품의류, 승용차, 꽃, 배송, 동물 등 모든 분야에서 서비스를 제공하고 있다.

#46. 구독경제 서비스

#47. 구독 렌탈형 서비스

#48. 구독 무제한 콘텐츠 다운 이용

#49. 구독 상품 제공 서비스

아직 IT기술은 사람의 마음과 감정을 이해하기는 힘들다. 그러니까 단순 반복 직업과 비숙련 노동은 기술로 대체 가능하지만 인간의 사고와 감정을 다루는 직업들은 좀 더 시간이 필요하다. 이를테면 건강 분야, 간호사, 종교인, 문학가, 개그맨(웃음), 스토리텔링, 디자인 등 분야는 아직 기계가 넘볼 수 없는 직업군들이 많다. 고유한 새로운 직업군도 계속해서 생겨나고 있다.

#50. 미래유망 직업상담가

#51. 생활건강 관리사

#52. 특수 케어간호사

#53. 전문 종교인(종교상담가)

#54. 전문 문학가

#55. 개그맨

#56. 감성 스토리텔러

#57. 예술 디자이너

개인인생과 초솔로 사회에 맞는 유망 직업으로는 다음과 같다.

#58. 피부 관리에 대한 지식과 스킨 케어기술

#59. 전문 코디네이트

#60. 헤어스타일링

#61. 동물 관련 직업

취업과 창업, 직업진로를 위해 실질적인 경력개발과 취업 전략을 세워 이끌어주는 분야이다. 기업의 필요 직무분석을 통해 필요 역량, 직무환경, 자격증 등을 효과적으로 준비하도록 돕는 컨설팅이다.

#62. 직업진로 컨설턴트

요즘 기업의 신입사원 면접 시 대표가 직접 참여해서 일일이 인터뷰를 한다. 또한 사외 면접 전문가가 참석하여 지원자들의 인격도 살펴본다. 과거나 앞으로 입사의 당락이 면접에서 결정된다고 할 만큼 면접 과정은 매우 중요시 된다.

#63. 면접 전문지도 관리사

프레젠테이션은 청중을 분석하여 설득시키고 보다 능숙하고 유연하게 기획하며 발표하기를 원하는 분들을 대상으로 전략적 기획, 자료의 구성 및 작성, 발표 스킬 등을 돕는 전문가이다.

#64. 프레젠테이션 전문 강사

사물인터넷(IoT)는 사물에 센서를 부착해 실시간으로 데이터를 인터넷으로 주고받는 기술이나 환경을 일컫는다. 앞으로 미래 사회는 IoT를 여러 분야 즉, 농업, 유통, 물류, 환경, 교통에 이르기까지 확대 적용될 것이다.

사물인터넷 분야의 직업진로를 위해서는 1년 정도의 프로그램과 기술을 배워 전문지식을 갖춰야 한다. 크게 프로그래머, 네트워크, 시스템, 그리고 정보보안으로 나눌 수 있다. 사물인터넷(IoT) 관련 직업군으로 다음과 같다.

#82. 가상화폐 제품 매니저(공인)

#83. 가상화폐 거래소 관리직

#84. 가상화폐 시스템 엔지니어

#85. 가상화폐 클라우드 엔지니어

#86. 가상화폐 자산 컨설팅

#87. 가상화폐 관련 전문가

#88. 비트코인 프로토콜

#89. 비트코인 풀스택 개발자

컴퓨터로 모델링(3D) 및 가상현실모델링언어(VRML)등의 기술을 이용해 가상의 시공간에서 가상현실(Virtual Reality) 시스템을 개발하는 전문가이다. 가상현실(VR)은 컴퓨터 기술을 이용하여 만들어낸 100% 가상의 이미지나 공간이다. 현실에는 무관한 가상의 공간으로 3D게임과 가상 현실시스템이 있다.

#90. VR 전문가

컴퓨터로 모델링(3D) 및 증강현실 기술과 부착형 하드웨어를 이용해 현실의 시공간에서 가상현실(Virtual Reality) 시스템을 추가하고 융합하는 프로그램을 개발하는 전문가이다. 주로 현실 세계에서 가상의 형상, 이미지, 홀로그램 형태를 덧붙이거나 가상 이미지를 복합 구현하는 형태로 나타난다. 게임과 가상시뮬레이터 등이 대표적이다.

증강현실(AR)은 현실 배경과 공간에 3차원 가상 이미지나 정보를 합성하여 실제 존재하는 사물, 객체처럼 형상화하는 기술이다. 대표적인 사례로 스마트폰 게임 포켓몬고(Go), 비행 시뮬레이터, 웨어러블 형태의 게임 프로그램 등이 있다. 가상현실과의 차이는 증강현실은 현실과 가상이 공존하는 형태에 존재하는 것이다.

#91. AR 전문가

프리랜서 관련 유망 직업

#92. 핸드메이드 소품 판매자

#93. 일러스트레이터

#94. 요리사

#95. 작가

#96. 통역사

#97. 번역가

#98. 교정, 교열, 운문 프리랜서

헬스케어와 IT산업 고용전망 높은 직업

#99. 전문 임상간호사(NP)

#100. 작업치료 보조사

#101. 재택, 개인 건강보조원

#102. 물리치료 보조사

#103. 의료서비스 매니저

#104. 의사보조자(PA)

#105. 정보보안 분석가

#106. 통계학자

로봇관련 유망직업

#107. 로봇을 연구하는 '로봇 공학자'

#108. 로봇 수요자의 목적에 맞게 설계하는 '로봇 디자이너'

#109. 로봇을 설치하고 운영하며 관리와 보수의 책임을 지는
　　　'로봇 운영자'

#110. 거침없이 진화하고 있는 '인공지능기술과 로봇 연구자'

#111. 인간과의 관계를 연구하는 '로봇 심리학자'

#112. 로봇을 이용해 공연 혹은 퍼포먼스 등의 문화콘텐츠를 만
　　　들어 내는 '로봇공연 기획자'

#113. 로봇을 노령화사회를 지탱하는 일원으로 이끌어내는 '실버 로봇 서비스 기획자'

미래 유망 직업군

#114. 소프트웨어 개발자

#115. 프로젝트 관리자

#116. 디지털 마케팅 전문가

#117. 디지털 학습 지도사

포스트 코로나 시대 유망기술 분야 미래 직업

(출처 : 한국대학신문(http://news.unn.net)

#118. 감염병 확산 예측 · 조기경보기술 질병의 전파 과정, 감염 환자, 인구 데이터 등 빅데이터를 활용해 감염병 지역 확산 가능성을 예측하고 사전에 알려주는 직업이다.

#119. 가상, 혼합현실 기술 대외활동이 어려운 장애인, 어린이, 노약자 등의 특수교육에 활용하는 직업이다.

#120. 의료폐기물 수집·운반용 로봇 기술 감염병 대응과정에서 의료폐기물 발생량이 급증하고, 추가적인 감염예방 및 안전한 폐기물 처리를 위한 자동화 직업이다.

보건 사회서비스 분야 유망 직업

#121. 노인요양 보호사

#122. 특수아동 보육교사

#123. 의료분야 종사자

IT 직종 유망 직업

#124. 데이터 전문가와 웹 관리자

#125. 디지털 홍보 및 커뮤니티 매니저

#126. 디지털 프로젝트 담당자

빅데이터 전문가는 거의 모든 분야의 기업에서 내/외부 데이터를 이용하여 분석하고, 기업 경영에 도움이 되는 정보를 만들어 제공한다. 따라서 빅데이터 직업진로를 보면 의료 데이터에서 활용으로 병원과 기업, 정부 기관, 공공기관 등에서 업무에 적용될 것이다. 특히 입지분석, 유동인구 분석, 상권분석, 민원분석, 상담 분

석, 교통 분석, 도서대출 분석, 안전 분야 분석, 문환 관광, 행정업
무 등에 빅데이터를 활발히 적용하고 있다.

#127. 데이터 분석 전문가

#128. 데이터베이스 관리자

#129. 데이터 마이너(Data miner)

#130. 데이터 분석 전문가 자격증

#131. 경영 빅데이터 분석사

언택트 시대 가장 유망 직업군

#132. 모바일 앱 개발자

#133. 드론 기술 관리자

#134. 온라인 교육시스템 개발자

#135. 심리 전문가

(출처 사이트 : https://blog.naver.com/simon9627/222017622918
https://zdnet.co.kr/view/?no=20201023103415)

#136. 직업 훈련 프로그램

#137. 클라우드 컴퓨팅 서비스

#138. 감성 마케팅

#186. 건강관리지도사

#187. 미디어콘텐츠창작자

#188. 자막디자이너

#189. 키오스크 관련 직업

(무인발권기, 무인포스, 무인점포, 무인시스템, 무인결제기 등)

#190. QR코드 관련 직업(QR코드 신분증, QR코드 기기, QR코드 상품 등)

#191. 구매대행 및 배달업

#192. 개인 비서 서비스

#193. 청소 대행사

#194. 스포츠 용품 임대서비스

#195. 출퇴근길 카풀서비스

기타 미래 유명 직업

#196. 기억 대리인

#197. 데이터 소거원

#198. 아바타 개발자

#199. 문화갈등 해결원

#200. 3D 프린팅 기술자

#201. 빅데이터 분석 기술자

#202. 오감인식 기술자

#203. 인공장기조직 개발자(바이오 프린팅)

#204. 탈부착골격 증강 연구원

#205. 생활 시인

#206. 공연 예술가

#207. 상품 발명가

#208. 책 기획 디자이너

#209. 어린이 스토리텔러

#210. 행복 라이프 컨설턴트

#211. 그림 구독 운영자

#212. 1:1 맞춤 부동산 임대업

#213. 인성전문 교육사 및 교육원

#214. 개인 미디어 콘텐츠 제작자

#215. 데이터수집 작업자

#216. 웹개발자

#217. 모바일 개발자

#218. 모바일 애플리케이션 개발자

#219. 그래픽 디자이너

#220. 3D모델러(홀로그램 디자이너)

특수 분야 직업군

#221. 인터넷 신문사 운영

#222. SNS 홍보 운영

#223. 크리에이터 개발

#224. 웹프로듀서

#225. 영상프로듀서

창업분야 직업군

#226. 자격증 관리 운영자

#227. 직업능력 개발자

#228. 귀농지도자

#229. 스피치 전문강사

#230. 강의 콘텐츠 코칭

건강관련 직업군

#231. 운동 케어도우미

#232. 건강 샐러드 샵

#233. 건강자격증 관리

#234. 건강기능식품 창업 및 유통

참고문헌 및 출처, 관련 웹사이트

(원고를 준비하면서 읽은 책들)

디지털 트렌드, 책들의 정원, 권병일, 권서림

트렌드코리아 2020, 미래의 창, 김난도 외8

트렌드코리아 2021, 미래의 창, 김난도 외8

세계미래보고서 2020, 비즈니스북스, 박영숙, 제롬 글렌, 이희령 역

세계미래보고서 2021, 비즈니스북스, 박영숙, 제롬 글렌

코로나 빅뱅, 뒤바뀐 미래, 한국경제신문, 코로나 특별취재팀

돈의 미래, 리더스북, 짐 로저스, 전경아 역

초예측 부의 미래, 웅진 지식하우스, 유발 하라리 외, 신희원 역

제4차 산업혁명이 일자리에 미치는 영향, 안상희, 이민화(2016), 한국경영학회 통
합학술 발표논문집.

유대인 창의성의 비밀, 홍익희, 행성.

투자에 대한 생각, 비즈니스맵, 하워드 막스, 김경미 역

손정의 성공법, 미키 다케노부, 역 박양순, 넥서스BIZ(2008).

부의 미래, 청림출판, 앨빈 토플러, 김중웅 역

미래경영, 청림출판, 피터드러커, 이재규 역

호모 데우스 미래의 역사, 김영사, 유발 하라리, 김명주 역

21세기를 위한 21가지 제안, 김영사, 유발 하라리, 전병근 역

사피엔스, 김영사, 유발 하라리, 조현욱 역

초예측, 웅진, 유발 하라리 외, 정현욱 역

오리지널스, 한국경제신문, 애덤 그랜트, 홍지수 역

콘트래리언, 진성북스, 이신영,

온워드, 하워드 슐츠, &O, 조앤 고든, 안진환, 장세현 역

포커스, 리더스북, 대니얼 골먼, 박세연 역

몰입의 경영, 민음인, 미하이 칙센트미하이, 심현식 역

기업가정신, 한국경제신문, 피터드러커, 이재규 역

경영의 미래, 세종서적, 게리 해멀, 신희철 김종식 역

머니, 다산북스, 롭 무어, 이진원 역

미래의 공동체, 21세기북스, 피터 드러커, 이재규 역

성공하려면 액션러닝하라, 행성, 봉현철

왜 일본 제국은 실패하였는가?, 주영사, 노나카 이쿠지로 외, 박철현 역

창조의 CEO 세종, 휴먼비즈니스, 전경일

한국사회를 바꿀 5대 기술 키워드, 과학기술정책 연구원, 홍성주

녹색성장과 기술융합, 고즈원, 임기철

전후 일본의 과학기술, 한림신서, 나카야마 시게루, 오동훈 역

경영혁명, 한림신서, 오네쿠라 세이이치로, 양기호 역

지구온난화를 생각한다, 우자와 히로후미, 김준호 역

유태인의 상술, 범우, 후지다 덴, 진웅기 역

한국의 미래, 과학기술혁신체제에서 길을 찾다, 삼성경제연구소, 임기철

내 인생을 바꾸는 모멘텀, 작은 씨앗, 박재희

왕의 경영, 다산초당, 김준태

알 왈리드, 김영사, 리즈 칸, 최규선 역

파워풀, 한국경제신문, 패티 맥코드, 허란 추가영 역

결국 이기는 힘, 21세기북스, 이지훈

1위의 패러다임, 북스넛, 노나카 이쿠지로 외, 남상진 역

일본전산 이야기, 쌤앤파커스, 김성호

원씽, 비즈니스북스, 게리 켈러 외, 구세희 역

그릿, 비즈니스북스, 앤절라 더크워스, 김미정 역

드라이브, 청림출판, 다니엘 핑크, 김주환 역

혁신의 시간, 알에이치코리아, 김영배 외

드러커의 마케팅 인사이트, 중앙경제평론사, 윌리엄 코헨, 이수형 역

위험한 미래, 한스미디어, 김영익

넛지, 리더스북, 리처드 탈러, 안진환 역

트리거, 다산북스, 마셜 골드스미스, 김준수 역

경제강대국 흥망사, 까치, 찰스 P. 킨들버거, 주경철 역

마케팅 천재가 된 맥스, 취즈덤하우스, 제프 콕스, 김영한 역

마인드버그, 추수밭, 앤서니 G. 그린월드, 박인균 역

하이테크 하이터치, 한국경제신문, 존 나이스비트

메가트렌드 아시아, 한국경제신문, 존 나이스비트

초격차, 쌤앤파커스, 권오현,

모든 비즈니스는 브랜딩이다, 쌤앤파커스, 홍성태

4차 산업혁명, 다산북스, 롤랜드버거, 김정희 역

직장이 없는 시대가 온다, 더 퀘스트, 새라 케슬러, 김고명 역

피터의 원리, 21세기북스, 로렌스 피터, 나은영 역

적자사장 흑자사장, 해피맵북스, 조병선

앞으로 5년 미중전쟁 시나리오, 지식노마드, 최윤식

알려지지 않은 역사, 알에이치코리아, 윌리엄 글라이스턴, 황정일 역

앞으로 5년 결정적 미래, 비즈니스북스, 머니투데이 취재팀

환율전쟁, 도서출판 새빛, 최용식

장사의 원점, 큰 나, 스즈키 도시후미, 이석우 역

장사의 창조, 큰 나, 스즈키 도시후미, 이석우 역

행동하라 부자가 되리라, 도전과 성취, 나폴레온 힐, 성필원 역

제4차 산업혁명 더 넥스트, 새로운 현재, 클라우스 슈밥, 김민주 이엽 역

넥스트 리더십3.0, 글로세움, 브래드 카쉬, 이영진 역

고전경영, 글로세움, 정보철

히든 챔피언, 흐름출판, 헤르만 지몬, 이미옥 역

신뢰의 속도, 김영사, 스티븐 M.R코비, 김경섭 정병창 역

선대인의 빅픽처, 웅진 지식하우스, 선대인

스타벅스 경험 마케팅, 유엑스 리뷰, 조셉 미첼리, 범어디자인연구소

GE의 핵심인재는 어떻게 단련되는가, 스마트 비즈니스, 심재우

사람은 사람이 전부다, 중앙경제평론사, 마쓰시타 고노스케, 이수형 역

불타는 투혼, 한국경제신문, 이나모리 가즈오, 양준호 역

나노기술이 미래를 바꾼다, 김영사, 이인식 외

특이점이 온다, 김영사, 레이 커즈와일

미래혁명, 일송포켓북, 박정훈 외4

일과 인생에 불가능은 없다, 청림출판, 마쓰시타 고노스케, 김정환 역

무엇을 당신을 만드는가, 위즈덤하우스, 이재규

경영의 모험, 쌤앤파커스, 존 브룩스, 빌 게이츠, 이충호 역

지금 중요한 것은 무엇인가, 알키, 게리 해멀, 방영호 역

1등의 통찰, 다산, 히라이 다카시, 이선희 역

위대한 기업은 다 어디로 갔을까, 김영사, 짐 콜린스, 김명철 역

변화혁신의 확산요인 및 시사점: 이론과 사례를 중심으로 〈한국행정학보〉, 천대윤

이기려면 함께 가라, 흐름출판, 데이비드 노박, 고영태 역

마케팅 불변의 법칙, 비즈니스맵, 알 리스, 잭 트라우트 이수정 역

피터 드러커에게 인생 경영 수업을 받다, 국제제자훈련원, 밥 버포드,
최요한 역

투자의 미래, 트러스트북스, 김장섭

그림 속 경제학, 이다미디어, 문소영

미술을 알아야 산다, 미메시스, 정장진

나의 관찰자는 나다, 미래북, 임종대

신문기사

머니투데이

https://news.mt.co.kr/mtview.php?no=2020020416292652612

매일경제

https://www.mk.co.kr/news/economy/view/2020/10/1109777/

한겨레신문

https://www.coindeskkorea.com/news/articleView.html?idxno=71865

이투데이

https://www.etoday.co.kr/news/view/1585285

이코노믹리뷰

https://www.econovill.com

경제협력기구(OECD) 보고서

http://www.compareyourcountry.org/social-indicators?lg=en

국제노동기구 인력 정보

https://www.ilo.org/global/lang--en/index.htm

세계지식재산권기구

https://www.wipo.int/portal/en/index.html

국제에너지기구

https://www.iea.org/

유엔환경계획

https://www.unenvironment.org/

세계은행

http://www.worldbank.org/

세계경제포럼

https://www.weforum.org/

국제연합

http://www.un.org/

메이크샵

http://www.makeshop.co.kr/
전자신문

- 세계미래보고서 2035-2055, 박영숙 · 제롬 글랜, 교보문고
- 유엔미래보고서 2050, 박영숙 · 제롬 글랜, 교보문고

억대연봉

직업진로 생존법 세미나

미래의 부와 기회

〈The Future〉를 준비하는 사람들

– 연구모임

문의 : jbt6921@hanmail.net